奧里森‧馬登(Orison Marden) —— 著

孔謐 —— 譯

U0078338

快樂
心理學

放慢節奏、節制欲望、尋找自我，
在遍布悲傷的世界裡，你更該暢想喜悅

許多人苦苦追求著財富權力，以為那就是人生的「快樂」；
有人執著於姣好的身材容貌，年輕貌美是所謂的「快樂」……

「快樂」的本質是什麼？

快樂可以是一種面對生活的方式，更無須向外索求，

奧里森‧馬登以 26 個篇章，開啟心中的快樂之門！

目錄

CONTENTS

第一章
從今天起學習快樂

第一章　從今天起學習快樂

快樂的多寡來自內心需求的多寡，不要好高騖遠，如果你是一頭大象就不要夢想像花豹一樣地奔跑，不要過於苛求完美，適當降低要求才更容易得到快樂。

子然一身樂呵呵，
今日盡在吾穀中。
豈管明日風雨晦，
今朝有酒今朝醉。

—— 德萊頓[01]

若真的有外星人踏上美國這片土地，他一定會大吃一驚，這裡的人怎麼總是沉溺於虛幻的場景，總是忙於追逐許多遙不可及的目標，總是準備著收拾行李，總是在紛忙的旅途中。這位拜訪者會發現，這裡活在當下的人真是鳳毛麟角，少得可憐，他們將自己生活的希望寄託於未來，當下的現實反倒是凝滯於他們想像中的虛渺幻境，對於今天，他們感到非常不滿足，更沒珍惜當前的分分秒秒，但他們又有一個堅強的信念，那就是：明日終將萬事如意、名利雙收、豪華大廈、香車美女，一應俱全，彷彿只有這樣的目標才能蕩盡他們心中的一切煩憂，照他們的話來說：這才叫生活！他們以為那時才是真正快樂的。殊不知，正是這樣的想法讓他們在今天備受煎熬。

的確，對於未來和遠方，我們總是全神貫注著。我們是那麼專注，以至於讓我們困擾其中！好高騖遠只會讓我們自己蒙蔽了明淨的雙眸，讓我們忽略了那些身邊的風景，咫尺的美麗，視而不見；天涯的虛幻，卻戚戚於懷，我們已然習慣沉湎於想像與期待之中，無暇在此時此刻享受生活。

01　約翰·德萊頓（John Dryden, 1631-1700），英國著名作家，評論家，翻譯家、劇作家。是 1668 年的英國桂冠詩人。代表作：《伸張正義》、《一切為了愛》、《時尚婚姻》、《奇蹟年》、《麥克·弗萊克諾》等。

事實上，可以這樣說，我們只是生活在明日，或是明日的明日，生活在幻境之中。「明日復明日，明日何其多？」這是多麼簡單的道理啊！可是知道歸知道，我們仍然毫不理會。

有時，我們就如同一群天真爛漫的兒童，不停追逐著天邊絢麗的彩虹。若真的能觸摸，那該有多好啊！但我們能觸摸到彩虹的七彩嗎？我們放棄眼前的生活，去追尋未來那座「海市蜃樓」，從不認為最好的生活已來到身邊，而痴痴地翹首著明日幸福的降臨。

當下，多數人總是緊繃著一根弦，胸中總是充滿著焦躁和怨火。他們飄忽不定的目光，發出這樣的信號：今天活得真是沒動力！是的，我們不能滿足於今日，應該執著地追尋自己心目中的「世外桃源」。

許多人抱著這樣的想法：對此時此刻的現在，我們無能為力去掌握，其他時候都是充滿可能的良機。不少人留戀於過去，嘆息機會的錯失，難道他們不知道時不再來嗎？他們經常沉浸在舊時光中，然而就是在此時，那些看似不值錢的「今日」正悄悄被揮霍，美好的不僅僅是往日，在他們的心中，明日也總是那樣美好，那樣令人企盼。的確，當驀然回首之際，我們會發覺，原來當年自己是有美德與智慧，有實現夢想的力量，但是逝者如斯夫，在良機溜走之後，他們才幡然醒悟，可惜的是醒悟只在那一刻，若是明天再有這樣的一次機會，大多數人依舊是漠然視之。

昨日的明天就是今天，豈可等閒視之？

那些不堪回首的錯誤和不愉快的經歷成為許多人追求幸福道路上的絆腳石，輕輕舐拭過往的傷痛，學會放手，忘記不愉悅的種種，方能不勾起那記憶深處的悲傷。沉浸於不愉快的經歷與傷悲的情感中，這對我們毫無裨益，只會耗費我們的精力，忘記這些，這正是我們去改正錯誤與面對不幸所極需的，只有忘記這些，你才跟幸福越來越近！

第一章　從今天起學習快樂

有一位農民獲邀參加一場業界的研討會議，就如何根據某個坡地上的土壤種植一種特殊的水果發表自己的意見。他只是簡單地說道：「這沒有什麼祕訣可言，其實，無論是怎樣的高度，哪種土壤，於勤勉的人而言，這些並不是很重要。」許多勤勉的農民在貧瘠的土地上獲得的收成不錯，生活得也舒適，然而，就算是在肥沃土地上，懶惰的人也是難以生存的。

這個故事告訴我們，幸福的感覺並不是取決於我們所處的環境，而是你的心靈對外界的感受。在順境中汲取幸福的甘露，大家都可以做到，若是能抱有泰然自若的心境，即使在常人所憂懼之惡劣境遇，仍可享受幸福快樂。有句話說得好，天堂就在你的腳下，任你去追尋；快樂就在你的心中，這是任何外物都改變不了的。

我們一些人期望在明天能完成一項偉大的事業，做一個轟動世界的壯舉。這樣的問題經常困擾著他們，讓我們忽視了生活中尋常花木的美麗。我們原本是可以從中獲得美感的，這種慣性的忽視讓我們失去的不僅僅是美感，我們的愉悅和充實也在這個過程中消失殆盡。

許多人為生計所迫，或是依賴於別人，或是受制於無聊與單調的工作，他們盼望著能透過真誠的努力去獲得人生的幸福，但卻發現這實在難以實現。我建議這類人不妨觀察一下蜜蜂採蜜，應該可以從對蜜蜂的觀察中獲得一些有益的啟迪。在採蜜季節，無論是在盛開的芙蓉蕊間還是在毒刺滿枝的野花之中，蜜蜂都能翩翩起舞，汲取花的精華，獲得無盡的樂趣，而對於我們而言，或許我們只能看到美麗的芙蓉，而那些野花在我們眼中卻是分文不值的。

若想獲得快樂，就必須從夾雜著憂慮與沮喪之感的生活環境中創造出屬於自己的快樂。人生漫漫旅途中，你會為日常的雞毛蒜皮之事煩惱，有時還會不可避免遇到怒髮衝冠之事，多麼荊棘滿途啊！但生活本來就是艱

難的路程，我們是改變不了的，但我們可以改變自己，為何不能從這些困境中擷取快樂呢？要不然我們也將錯過人生幸福的一大奧妙。何處可以品嘗幸福的甘露？我們要知道，幸福在日常的兢兢業業之中，在與生活奮鬥的過程中，在心與心的交流之中，在這熙熙攘攘的世界之中 —— 就像是蜜蜂能從各種不同的花朵中汲取甜蜜一樣。

世界還有許多尚未發掘，處於冰封狀態的快樂泉源。其實，只要細心，大家都會發現快樂的事情，所到之處，皆可發現「製造」快樂的材料 —— 只要我們知道其中的方法，就像有些人因為能聽到很多故事而喜歡坐擁擠的火車，沿途中能跟來自四面八方的人交流，認識不同國家、不同民族的人，的確是很有趣的事情！

既然來到這個世界，我們就應該坦然面對，必須活在當下，在人生戲劇大幕拉開之時，我們就應感受文明進步潮流帶來的激昂之情。

大家是否想過，自己眼前的生活，是自己年少之時所憧憬的那散發著玫瑰花香，充滿夢幻神奇的生活嗎？大家是否有這樣的感悟：那一道道少年時心醉神迷的長虹般的夢想，恰如沙漠中浮起的海市蜃樓，在你們心力交瘁、死水一潭時激起一陣陣潮湧？大家可曾在獨處一室時，回想起那些自己寄予厚望的時光，曾是那麼彌足珍貴，而現在卻正在浪費著呢？大家可知道，此時此刻讓你惦記的飛逝的時光，正是當初你試過下定決心牢牢抓住、好好珍惜的時光啊！

為什麼在年少之時，望遠鏡中的人生看似是一個美好的人間樂園，現在卻成了漫無邊際的沙漠呢？那是因為你的視野被扭曲了，你正以錯誤的視角去看待周圍的事物，你之所以感到失落、不滿與憤懣，這是因為你發現彩虹所在的山麓下是沒有金子的，當你在做著無用嘆息的同時，其實你正揮霍著人生，倘若能收拾心情，重新上路，你尚還有機會將眼前看似無

盡的沙漠轉化為兒時夢想的樂園。

　　沒錯，就在這個充滿著苦難、阻滯的現狀中，你的理想就應該聳峙在這裡，而不是在別處。因此，我們要告誡自己，努力地工作，相信自己，勇敢而自由地生活，讓我們握住理想的拳頭，擊破眼前一個個的困難，要知道，身邊的環境只不過是你用來實現自己理想的材料而已。這些「材料」具體的屬性或是歸類並不重要，它們並不能用來營造某種英雄主義感或詩意的氛圍，那些為自己受現實桎梏而牢騷滿腹，或是在造物者面前為自己被統治而呼天搶地的人，請你們記住這個真理：你所追尋的，實際上已經在你的手上了，若你一點也感覺不到，誰都無能為力。

　　你是否幻想過這樣一件事情：當有一天到達了那一片理想的黃金之國，那些繽紛而碩大的果實無須摘取，自然會落到腳下，你甚至覺得這一切都是無需鬆土、播種與灌溉的。你是否憧憬著自己可以不勞而獲，而且一直沒有從這個幻想中醒來，最終會在某一天，你會驚醒的：在任何成熟的人生中，年少時期的迷惘與掙扎是不可避免的，之後的日子卻需要腳踏實地勤勞奮鬥。我們要祈禱的是，希望你們醒悟的時間不會太晚。

　　我們在大談生活之時，並不能撇開時間的存在。為什麼我們總是能夠那麼大度地揮霍時間，特別是在年少之時 —— 對生活的掌握最強之時尤甚呢？既然我們不能從生命的時鐘裡倒撥回浪費的任意一個小時，何不好好珍惜這一個小時呢？我們要樹立一個信念：浪費時間，那就是人生的悲劇在重演，而珍惜每一秒，你是在提高著人生品質。

　　能真正看到人生與時光之關係的人少之又少！許多人在各種遊戲中揮霍著時光，感覺自己並沒有在糟蹋人生，但是兩者豈可分離？記住，當你消磨一個晚上或是一天，以聲色犬馬的縱欲來荒度時間，這不僅敗壞名聲，矮化品行，更會養成惡劣的習慣。實際上，你是在故意地拋棄生活的

某部分，在人生的暮年之時，你想要用一切來補償當年被揮霍掉的時間，那已經沒有任何用處了。

每天迎著晨曦，睜開你的雙眼之時，我們就要下定決心，好好生活，活出今天的風采。閒看花開花落，坐觀雲卷雲舒，就是這種看似淡然的態度，讓我們從日常生活中明瞭更多的智慧，清晰明日的道路，獲得最美好的東西，那麼對自己說吧：今天，傷悲與羞辱的種種已經過去，我將開始新的生活！

我認識一位悲慘而偉大的母親。她的丈夫以及兒子一個個相繼離她而去，幾乎所有的親戚被死神帶走，命運的厄舛也曾讓她祈求死神的光臨，以了結無盡痛苦，但幾年之後，她開始變得樂觀與愉悅起來，她的唯一祕訣就是在幫助別人中獲得寬慰。她發覺，這個世界並非想像中的那麼黑暗，人生也並非想像中失敗得一塌糊塗，因為，她仁慈的母愛也能關懷著更多人，這個世界上有很多人需要她的照顧。

感激生活，探尋生活的細微之處，我們發現了大自然的奧妙，大自然是仁慈善良的。她是一位偉大的「醫生」，她總在我們的傷口處施與良藥，以一種神奇的方式治癒我們精神上的痼疾。倘若沒有大自然這種治癒百病的偉力，則世上的墳墓會更加擁擠，很少有人能在死神臨近之時面不改色，但無論如何他們最終還是回歸到了大自然，是大自然實現了生命的永恆。

要把握住今天，在現實的困難面前永遠也不要去想像著未來的某一天 —— 或是當你處境改變了，或是你成家立業了，或是你的孩子成才了，或是你克服挫折了。如果這樣，你永遠也不可能等到這一天，永遠也無法消除生活中讓你備感煩憂的種種，你也永遠無法繞過幸福的敵人 —— 難以盡數的瑣碎憂慮。與此相反的是，你可以踏踏實實地做完今

天的事情，你會覺得今天是屬於你一個人的，你活得自然而充實。

　　生活之所以顯得這般的單調與貧乏，這般的讓人失落與消沉，正是因為我們沒有活在當下，沒有將精力、壯志、心智、熱情投於當前的時刻！

　　享受今日的每時每刻，活在今日。不要讓明日那鬼魅的陰影、不祥的預感或是所懼怕的事情放肆於你的腦海，不要讓它們剝奪你享受今天這一與生俱來的權利！

　　清晨醒來的時候不妨三省吾身：「今天的一切順其自然，不可強求，該來則來，該去則去，但我一定要勇於確定一點，我要活出真我的風采，我絕不能讓任何事情剝奪我享受幸福的權利，我不要渾渾噩噩地生存著，我要真真切切地過好每一天！」

　　明日愁來明日愁，對明日的憂愁不具有現實意義。相反，任何煩憂、際遇都不能掠走心靈的寧靜。提醒自己一聲：任憑風吹雨打，我自巋然不動！快樂的本色依然是區別於哀愁之人的光點。全心地擁抱今天，珍惜每一分、每一秒，今天將是人生最充實的一天，不能讓快樂的天敵搗毀自己的心境。

　　過往的種種坎坷、不濟，那些一想起就痛心疾首的事，這些幸福與快樂的天敵將再也不能在神聖的精神境域中殘存，在今天，只有愉悅的思想、歡暢的感覺 —— 這些維繫心靈寧靜、慰藉與成功的朋友，他們才能在我的靈魂中自在地漫遊，任何的敵對情緒都要被拒之門外，絕不能讓它們匍匐在心牆上印下一道醜惡的痕跡，今天，只有良好的情緒才能進入我的心房，其他的都「一概免進」。我將撕碎那些隱晦與黑暗的畫像，重新掛上歡樂、愉快的圖畫以及催人振奮、增益其所不能的事，任何羈絆生活的事情，不忍回首的往事，都將統統被趕走，至少在今天是這樣。那麼，當夜幕降臨，我能說：「今天，我真切地活著」。

破曉時的空氣是那麼清爽，讓人如此精神振奮，同時也讓人心懷感念，多麼好的一天要開始了！這樣的心態將改變一個人對生活的看法，而人生的意義也將獲得深入，這樣的心態很難實現嗎？不難，這只是事關能否控制自己大腦，在柔軟的腦組織中形成新的觀念而已。學會控制自己，用不了多久，通往快樂幸福的習慣也很快能培養起來。

　　為什麼要一昧地沉湎於過去，糾纏著過往的錯誤，為自己未能抓住飛黃騰達的機會而扼腕嘆息，陷入不可自拔的深深自責之中呢？那些成就偉業的大人物，他們不會時刻自責往日的過錯，不會否定往日的歷史，不會自慚於往日的錯誤，他們會的只是每日健步前行。

　　若想在生活中取得成功，必須要集中所有的精力，全力以赴，當你只是思索著過去，陶醉在過往，你取得成功所需要的心智與魄力又從何而來呢？

　　將精力投於自身不能改變的事情上面，不僅是白白浪費，更讓你未來的成功路蒙上一層陰影，想要彌補過往更是無濟於事，這樣說來，將精力沉浸在悔恨之中，不能自拔，是一種讓人痛心的浪費。昔日的坎坷、命舛，就讓它逝者如風，悄悄過去，夜幕裡我們輕輕地淡然忘記今日的痛苦，而迎來的卻是充滿朝氣的陽光。

　　將那些陰暗、恐怖與悲傷的畫面從心靈中驅趕出去吧！它們只會讓你沮喪，阻礙你享受今日的快樂，不妨在記憶中，刪除過往錯誤的判斷，忘記以往不悅的經歷，不論這些事曾經多麼讓你難堪與羞辱。忘記它們，毋須多慮，收拾起行囊，重新上路。

　　試圖讓昨日的殘骸、愚蠢的舉止、不幸的遭遇，來糟蹋今日的生活，你現在是否覺得這是非常愚笨而邪惡的？但還確有許多人直到此時此刻還是一個失敗者。倘若能不在過往處打轉，有著快刀斬亂麻的勇氣，永久地緊閉那扇門，重新開始，這些人也將能創造非凡的成就。

第一章　從今天起學習快樂

輕聲吹著小口哨，輕輕拂去記憶裡的塵埃吧！過往的不幸，若今日還在你心中投下陰影，讓你憂傷與困頓，這有何裨益呢？你還有什麼理由讓它駐足於自己記憶之中呢？你大可堅定地將它扔進垃圾箱，永久地刪除它們！

人類所做的最愚蠢的事，莫過於總是嘗試著改變那些不能改變的東西。人性中有一種奇妙的心理傾向，人類總是慣於將人生美好的事物置於對明日的想像，要明白對於人來說，時間是永恆的，而不是在遙遠的未來，人類與生俱來的情感和智慧是完美的，在這基礎上，我們要抓住原始的夢想和追求，而不是試著在未來的某一天掌握實現夢想的機會。要知道，人類不可能跨越式地進步。

在人生的旅途中，要馬是跟快樂同行，要馬就是失去它。正如以色列人是這樣教導小朋友的：「希伯來的兒童就算是在穿越茫茫大漠，他們也能在漫天的風沙中尋找到食物，但是，有些人對主的信仰並不堅定，他們試圖儲備一些食物，以備日後之用，然後在路途中不去尋找今日主賜予我們的食物，要知道那些儲備的食物到最後總是會用完的。沒有新的累積，即使事前準備得再充分，那也只是徒勞。」這個故事給以色列人一個深刻的教訓：他們不能為未來準備什麼，但在萬善之主的庇佑之下，每天的耕耘總是可以讓他們收穫到新鮮的食物。

是的，收穫幸福就像收穫食物，每天必須都要有新的收穫。可惜的是，「明天我會是一個幸福的人！」這仍是很多人的想法，他們總是將今日的幸福寄託到明天。他們始終會驚訝地發現即使到了明天，只能還是重複著昨日的想法，結果只是所期待的幸福被殘酷事實蒸發得丁點不剩。這樣的教訓是深刻的，這告訴我們必須要像採摘鮮花一樣摘取幸福，就像古人詩中說的一樣：花開堪折直須折，莫待無花空折枝。

有許多美好的東西，諸如善意的衝動，這也許在今天是可行的，但卻

不利於明日。有多少人因此而遲遲不肯表達對彼此的友善、愛意，直到斯人已逝時才在葬禮上，留下一束花，灑下一滴淚，彌補已經逝去的過往。今日，就是今日，是時候輕啟朱唇，讓心遵從自己善良的本意，說出內心的善語了，那些魂牽夢縈的人們，承諾要幫助的人們，他們現在就需要你的說明，現在，正是你給予幫助的最佳時期。

每一個明日都有著明日自身的煩憂與職責，所以我們無須煩心於昨日，亦無須憂慮著明日，因為明日實現的可能性並不比昨天更高。

當你今天執拗於尋常事，不努力把握機會，又怎能奢望明天就可做驚天動地的偉業？當你老感覺到今天的生活單調沉寂，難道明天就會驟然變得浪漫而富於詩意？

當你今天是如此煩躁、自私、吝嗇與悶悶不樂，那又怎能冀望在哪天的某個時刻，自己就自然會變得心境平和、快樂呢？又怎能期望在遙遠未來的某刻，就能從百忙中抽出時間，拿起筆，專心地寫封信給朋友，安慰那些飽受疾病與受挫的人？至於專注於提升自我，拓展自己的視野，這就更不可能了。你必須清醒地懂得，你昨天和今天都做不了的事情，為什麼明天就做到了呢？

到底明天有什麼魔法能去改變今日的面貌？既然今天是如此的吝嗇，那為什麼又會覺得明天就變得慷慨呢？你怎能相信在未來的某刻，自己會去收拾家中一些對你來說是無用的物品，把這些衣服、書籍、圖畫以及其他物品打包成箱餽贈他人呢？即使你知道對於比你窮苦的人而言，這東西是寶貴的，但是你會在下周或是下個月就真的寄給別人嗎？昨天你沒有這樣做，為什麼要欺騙自己，覺得在未來自己會做呢？許多人並不是吝嗇，而是根本沒有想到別人的需求。他們本應將自己藏於地下室或是閣樓裡的東西給予那些窮苦的男女，為別人開啟一扇通往美好未來的門。

第一章　從今天起學習快樂

今天就走上閣樓，翻一下家中的大箱子，看看哪些是自己不需要，可以贈與別人的，大多數人都可以翻出自己不再會穿的舊衣服，大方地贈與別人，你可以從中感覺到一份安慰與快樂的。雖然是小小的饋贈，但這對於失業的窮苦女孩或是肩負重擔而無錢購買衣服的人而言，無疑是上帝的雪中送炭，不要想著自己日後還需要這些，因為直到有一天你會發現這些物件變得一點用都沒有，這些物件已經服務過你了，就讓它們帶著你的善意，今天就贈與別人，讓它們成為充滿愛意的快樂信使吧。

做人要大度，特別是對於那些自己能夠贈與的東西，不要累積這些東西，想著自己日後還會需要。你大度的贈與，將大大提升你的品格、滿意度與幸福感，你可能沒有自己想像中那樣的具有魅力，但贈與無疑會柔軟你的心，一扇慷慨之門漸次敞開。

在你書房裡或是隨處在家裡某個角落丟放的書籍中，有些是很多年都沒人看，甚至可以預見未來幾年裡，也是無人問津的，這些書對在窮困中還渴求知識的人們來說，卻具有難以估量的價值啊，今天就贈與吧，贈與的越多，就越能感受到快樂。吝嗇的習性扼殺快樂，贈與的習慣卻能繁殖快樂。

一位富於修養的女士不久前告訴我，她是如何努力堅持音樂之路的：她出身貧寒，一直都沒錢去買任何一件樂器。每天，她只能在棕色的紙張上勾勒出鍵盤的形狀，然後在上面練習幾個小時，她就這是這樣拚命地努力學習。

有次，她受邀去一個富人家庭參加晚餐。在晚餐之後，女主人帶她在家中逛逛，從廚房走到閣樓。「在閣樓那裡，」這個女士動情地說：「我看到一架古老的鋼琴靜靜地躺著。當時，我願意用所有的一切去交換它。要是讓我每天走上一段遠路來練上一下，也是很樂意的。豐盛的晚餐，華

麗的裝潢，奪目的名畫，以及任何奢華的東西並沒有在我腦海裡停留多久。我所牽掛的只是經常闖進夢鄉的鋼琴，那架在閣樓上沒人彈奏的鋼琴！若當時能擁有這臺鋼琴的話，這簡直是打開了一扇通往天堂的大門，但是我卻沒有勇氣去開口。」

在這個國度裡，有多少這樣的女孩子，掙扎著想要登上音樂的殿堂，但卻沒錢買任何一種鋼琴。假如可能的話，為什麼不將你多餘的鋼琴或是其他樂器贈與那些極需的人呢？

在普通人的日常生活裡，不會窮到不能贈予一丁點的窘狀，也不會潦倒到不能豐富一下別人生活的地步，那些試圖囤積明天快樂的人就好比這些人 ── 他們會說：「我不能讓老鼠與鳥兒吃我的糧食，也不能撒一點在地上，也不能將糧食送到米磨坊。」現在看起來，不願意撒播一小撮糧食的人真的是愚昧透頂。

贈人玫瑰，手有餘香。就在此時，就在今日，在歲月流逝的痕跡之中，讓身軀更加魁梧，讓視野更加寬敞，比從前更快樂，為人類作出更多貢獻。

許多人在發跡之前，一直壓制享受幸福的追求，之後，他們會驚訝地發現，原來之前自己窖藏的「食物」已經發黴了，他在一開始就該享受這些食物。幸福既不遲到，也不晚到，但光陰如流水，久拖不做的善舉只會讓幸福轉瞬即逝！

每個人從一開始就該清醒地知道，莫管世事變幻，不論自己在某一領域成功與否，他至少要保持樂觀的心態。絕不能讓任何事情剝奪屬於每天應有的快樂與幸福。我們應下定決心，絕不能讓任何重大的事件、險惡的境遇阻斷自我完善、舒適與快樂等情感的自然流動。

記住，昨日之日不可留，明日之日未可期，真正屬於你的時間就是眼

前飛逝的一個個瞬間。有人將一個小時的六十分鐘比喻成一朵朵花，然而，鮮花不能永久盛開，香消玉殞只是短暫的時間問題，若我們想在此時、此地能找到屬於自身的美好，一定要從每分每秒中感受生活的甜蜜，這才是活在當下的真正含蘊。

第二章
還原打亂的心靈拼圖

第二章　還原打亂的心靈拼圖

　　鐘錶之所以能維持分秒不差的時間，不只是因為它有不差毫釐的時針、轉軸與秒針的完美平衡，還有各個轉軸與發條之間的不斷調整、相互作用的結果，正如鐘錶的精確運行，心智的健康也是源於心靈的和諧運作。

> 那些坐在自己王座上的人，
> 心滿意足地揮動著手中的權杖，
> 並不暗羨世上的君王。
> ── 托馬斯・布朗爵士[02]

　　生活對於每個人來說本應都是一門藝術，但是多數人甚至在這門藝術上摸不到一點門道，這難道不是很荒唐的事嗎？我們從來沒有去學習生活的真正藝術，即使自己已然是行業領軍或是商界領袖，但在關係到生活幸福的大事上，卻是一竅不通。對於心靈 ── 人的生命場，這樣能量聚集的中心，我們幾乎毫無了解，而心靈卻掌握著我們成功與快樂的祕密，相比於如何在商界取得成功之道，我們對心靈的關注度實在太低了。

　　心靈不是我們的肉體，但，它就在我們的頭腦裡，在我們的心臟裡，在我們的每一寸肌膚裡，它是靈魂、心智與外界物質世界連接的唯一媒介，這一讓人嘆為觀止的運作機制，這一充滿神性的宮殿，都應保持在極佳的狀態之中。因為它的任何損傷，都將會直接影響到內心的釋放。

　　如今的教育幾乎教給學生全部的知識，但卻除了最需要了解的知識 ── 生活的藝術。在中小學甚至大學學到的許多知識在現實生活中極少能得到應用，但我們卻吝於去探討心靈這一與人最切身相關的話題。許多大學畢業生可能熟悉很多自己都不會再使用的古老的語言，可能對地球知識也是瞭若指掌，可能對歷史學、政治、哲學乃至社會學廣泛涉獵，但

02　托馬斯・布朗爵士（Sir Thomas Brown, 1605-1682），英國作家。對醫學、宗教、科學和神祕學均有貢獻。代表作：《居魯士花園》、《致朋友的信》等。

他們往往對生活或是幸福不能描繪出任何藍圖。其實，心靈比世界上的任何東西都更為重要，我們的心靈蘊含有我們的氣質，我們的欲望與本能，但是關於這方面，他們的知識卻是鳳毛麟角。

生活的藝術比其他任何事情都更為重要，但是，許多人渾渾噩噩地度過一輩子之後，還是對心靈的結構懵懵懂懂，雖然，心靈的結構和功能極為複雜，需要我們有足夠的適應能力與極大的專注度去領悟。

一個富豪購買了一臺世上最奢華的汽車，但卻讓一個甚至從沒見過此車的人來當司機，然後，富人就帶上全家乘坐這個司機開的車去周遊世界了。對此，不知你們作何感想？要想成為一名頂級的司機，必須要對汽車瞭若指掌，了解汽車的每一個部件，熟諳每個部件與整體的關係，因為寶貴的生命系於對此的知識、能力與專業。

上面的故事告訴我們，對於心靈，也是一樣的。心靈是一個生命場，它以「場」這樣的一種形式與我們的其它器官發生相互作用的，同時，心靈也是一個能量場，它的能量是透過人體對食物的消化吸收後轉化而來的，並且這部分能量只會在履行其自身的功能以及在其成長發育的過程中被消耗掉。在這個由數以億計的細胞組成的神奇機器裡，各自互相調整，每個掠過腦海的念頭，都會牽一髮而動全身。

生活的藝術者絕不會像多數人那樣讓這臺機器負荷工作，他們不會以暴食、節食或紊亂的生活規律來損害這臺神奇機器的運轉、驚人的產出，他們不會讓暴躁的怒火、仇恨的驚恐、擔憂與恐懼在敏感的大腦或是神經細胞中延續數天，讓自己這臺機器處於癱瘓狀態。相反，他們會想盡一切辦法，保護這一敏感與脆弱的系統免受任何身體或是心理敵人的侵犯。

人類不知曉人體工程學，心靈不知道如何保養與運行，使其運行沒有一絲摩擦。懂得如何科學地最大限度利用你的身體，勢必可將一切事情看

做是鑄造人生傑作的材料，你的成功也將不期而至，正如米開朗基羅[03] 將其人生的所有經歷都描繪在一張張偉大的傑作上。

到目前為止，科學家製造出的最頂尖的火車頭，其傳輸動力的效率也低於原煤能效的 20%，煤炭的能量透過電線傳達到千家萬戶的電器的效率僅為 1%。即便在性能最佳的狀態下，人性機器也沒有像火車頭或是燈泡一樣那麼高的利用效率，實際上，我們所利用的只是人類能量與智慧中少得可憐的微量而已。

在科學的管理下，你的心靈就可大大提高利用效率，增進內部的和諧，永保昂揚的狀態，但是，我們可曾聽說過一位在生活的科學藝術上可稱為真正專家與大師的人？在管理不善之下，心靈將佈滿塵埃，內在的潛能難以發揮，人也就難以邁出更堅實的一步，所以許多成功者在日常的生活中往往會不斷修補這臺機器。

在你認識的人中，能感到真正幸福的應該是少之又少吧，可笑的是幾乎每個人都是努力去追求幸福的，想讓自己真切地感受到幸福的滋味，然後我們卻又總是拋棄和諧，製造事端。因為心靈出現了紊亂，我們不知道如何去修復這些缺陷，也不願意為成為一名「人體工程學」的專家而付出代價。

我們遭受到的打擊、感受到的恥辱以及經歷到的尷尬，皆因心靈沒有得到充分的保養或是合理的調整所導致的。

停下腳步，思考一下我們所遭受神經脆弱的痛苦，因為心靈負荷的傷痛太多，不能在潤滑的情形下運行，這實在是難有順暢可言。我們不想讓自己所愛的人遭罪，讓他們感到不安與急躁；我們不想讓自己那緊繃的神經、易怒的情緒與粗野的言行搗毀家中和諧的氛圍。在失控之時侮辱或傷

03　米開朗基羅（Michelangelo, 1475-1564），文藝復興時期義大利著名畫家，雕刻家、詩人、建築家。代表作：《創世紀》、《最後的審判》等。

害別人，這絕非是我們的本意，但心靈的運作已經紊亂，身體的疲憊不堪、神經的緊繃、昨日過度的運作留下的碎片，毒害著腦神經，因此原本應運作順暢的腦系統卻出現不協調的狀況，完全是因為運作受到阻滯，沒有獲得及時的調整。如果沒有充足的睡眠所帶來的體力提升與能量補充，大腦的神經將常處於畏首畏尾的狀態。憂慮、暴飲暴食、過多外物刺激、沉迷酒色等違背自然規律的行為，都是造成這種狀態的原因。

我們根本無意去辱罵、指責朋友，或是鄙視生意上的夥伴，但是由於缺乏愛意，缺乏日常全面的保養，心靈已經變得不堪重負，這種行為就會不自覺地做出。

心靈處於愛的狀態之中的人是充滿力量並具有創造性的。他們的心靈深處不存在著可供恐懼賴以滋生的「土壤」，同時對於處於愛的狀態之中的心靈而言，心靈的「思考」或企圖是不需要的與沒有立身之處的，因為處於愛的狀態之中的心靈是「明澈」的，但假如我們自身的心靈不處於愛的狀態之中的話，那麼我們就不可能體驗著愛，又或者說，我們就不可能在愛的狀態下體驗著。

然而，當一個人全然只想著自己時，他會失去對心靈的控制，就像脫韁的野馬亂撞一樣，造成各種危害，而他卻只能無能為力眼睜睜看著這些事情發生，事後也沒有絲毫能力收拾殘局。脾氣火爆所帶來的最大的羞辱就是，當某人失去了自我控制，就會展現出自己可怕的一面，就會顯露平常在朋友前竭力掩蓋的野蠻、卑鄙、可恥與齷齪的一面。而這些都是他想在自己最關愛的朋友中極力掩蓋的，而之前內心所隱藏的一切，所覬覦的一切都被別人所知了。

在脾氣爆發之前沒有時間去思考的人，你們可曾想過，在那一刻，你的大腦並不在你的脖子上，你絕對有控制自己的能力，只是當時一切的理

智已然被拋到九霄雲外。實際上，透過適當的鍛鍊，完全可以控制自己思想，可以引導自己的情感的，這樣你的心靈就不會出現紊亂，大腦也不會在關鍵時期遠離你，你自己才是大腦的掌控者。

你是否有這樣的經驗：在某些人面前，是絕對不會讓自己失去理智的，不論在什麼挑釁下都是如此，而在某些人面前，在最讓人動怒的情形下，仍然保持了克制。幾乎每個人都會覺得，在一些女士或是朋友面前，是不會失去自我控制的，但另一方面，在一個被你視作商業運作的一顆棋子或是下級職員面前，卻沒有絲毫真正的尊重與理解，有時候你身處家中，自我感覺不受限制之時，在極輕微的刺激之下，都會變得怒不可遏，這實際上證明了，人類在控制自身所具有的能力上要比想像中強上許多。在招待會或是有貴賓出席的晚餐上，即便是脾氣最火爆的人，無論遭受怎樣的羞辱，都不會想到要當場發怒的事，若是我們對所有人都保持一定的尊重，包括地位最低微的人，有足夠的自尊，那麼在控制自己情緒方面將遊刃有餘。

不少人心中被妒忌、憎恨、成見等包袱所羈絆，雖然可能表現得並不明顯，但這卻毒害著心靈，摧毀著人生，但若只是注意一下自己說話的語調，整個生活的面貌都將會為之煥然一新。你可以對一隻狗說一些最甜蜜與富於情感的話語，但你那高亢的語調卻可能嚇得它魂飛魄散，悶悶不樂，反之，你對它說出最惡毒的話語，卻用輕柔與舒緩的語調，狗兒依然會搖著尾巴，乖乖來到你的跟前。

我們的說話方式事關周圍每個人的幸福，其中自身的幸福也牽涉其中。扔塊骨頭給狗，牠會去搶骨頭，並夾著尾巴走開，沒有半點的感激之情，但若以一種輕緩的語調去呼叫牠，讓其從你的手中拿走骨頭，牠就會表現出感激之情。

生活中的許多摩擦與衝突皆源於說話的語調，說話的語調中透露出對別人的情感與態度。尖刻的語調，發出的盡是惱怒與不真誠的心理態度，這無疑是讓人反感的。有時，當你覺得自己血管噴張、憤怒之火在心中燃燒時，只需人為地壓低說話的語調，都是可以緩解頭腦發熱的緊繃情緒。我們都清楚知道，在做錯事情之後，孩子不斷憤怒地喊叫，只會讓自己真的處於怒不可遏之中，他們叫得越歡樂，吵得越鬧，他們就越瘋狂，直到最後歇斯底里，他們自身憤怒的語調煽動著滿腔怒火，而一種低沉與舒緩的語調則會撲滅胸中的熊熊怒火。

若是所有家庭的成員都一致同意，在彼此說話之時，絕不提高嗓門，那麼，家庭中多少不和的場景都是可以避免的啊。若是母親有吹毛求疵與慣於批評的喜好，那麼就在你求知若渴的孩子面前，用最富親和的語調與充滿愛意的語辭大聲地朗讀奇幻書籍上的內容吧，若是身為人夫的，在婚後能像在熱戀時期，採取一些相同手段來取悅自己的伴侶，家庭就會和睦許多。

諷刺、尖刻、怨恨與不滿的語調不僅是導致家庭不和睦的原因，也是在商界與社會上不能如意的重要原因。

時常被一些瑣事而惱怒與停滯的小人物，只能顯示他們沒有掌控形勢的足夠能力。他們不能正確地處理周圍情況，保持平和的心境，易怒的品性充分暴露了所持的錯誤態度，這也決定了他們不能自在地活在當下。因此，這些人是難以成為環境的「主人」，相反，他們是自作自受。

容易動怒或是稍有抵觸即怒氣衝天的人，很少會意識到，若是任由憤怒的火焰肆無忌憚地蔓延，神經細胞將會被燒得短路，這將損害腦部敏感的機制，不久他們就會難以自控，就像一個火藥桶，隨時都有爆炸的可能。要知道沒有比在憤怒時表現出的卑鄙與齷齪的品行更讓人覺得羞恥的了，在怒髮衝冠之時，理智將被扼殺，智慧羞於現身，你將喪失良好的常

識與判斷力，屆時那是一幅野獸坐在王座上叫囂的表情，無序與混亂統治著精神王國。

餘怒之後，你會覺得某些很寶貴的東西在生活中永遠地被燒成灰燼了，你的自尊在這場熊熊的怒火中被灼燒得體無完膚。

我曾見到一個小孩在鏡子面前抓狂的樣子，當他看到鏡中可怕的自己時，他感到羞恥與懊悔，於是停止了哭泣。若是每個成年人在他們怒火中燒、血管噴張，將自身的神經系統撕得四分五裂之時，看到鏡中只有野獸的影子，就絕不願意再展示這一面。

意識到自己是大腦的主人，是能夠自我控制的，這種意識本身就有助於自我控制。

有個故事是講一位老婦去照相的事。在相機面前，這位老婦還是一副嚴肅、冷峻、威嚴的表情，正是這副表情讓她成為鄰居小孩避而遠之的目標，攝影師從相機後面的黑布探出頭，突然說：「眼神給點光。」

她努力著按攝影師說的做，但那副待滯與沉重的面容仍揮之不去。

「臉放輕鬆一些。」攝影師輕鬆地說，帶著自信與命令的語氣。

「年輕人，如果你覺得一個沉悶的老人家能因笑容而看上去更具活力，在每次面對挫折的時候都能樂觀面對，那麼，你對人性根本沒有半點理解，這些都是需要一些外物來催人振奮的。」

「喔，不，不是這樣的，這必須是要你從心做起的。再試一次，好吧。」攝影師以平緩的語調回答。

攝影師的語調與行為充滿了自信的氣息。她再次嘗試了一次，這次比上次進步了許多。

「好！不錯！你看上去年輕了 20 歲。」攝影師在捕捉她憔悴面容上轉瞬即逝的榮光之後，不禁這樣驚嘆道。

她帶著一種奇異的心情回家。這是她丈夫離去之後，別人對她的首次讚美，這種感覺還真不錯。當回到小屋裡，對鏡自言自語地說：「這其中可能真有某些魔力，但我還是要看看沖出來的照片。」

當照片沖洗之後，相片中的她彷彿獲得了第二次青春，臉上泛起了年輕時期久違的熱情。她久久地注視著照片，然後以一種清晰與堅定的語氣說：「如果我能做到一次，那麼也可以再做一次啊。」

她走到梳粧檯上的小鏡子前，平靜地說：「凱薩琳，笑一下。」蒼老的臉上再次閃現出一道榮光。

「笑得燦爛點！」她用命令的語氣說道，臉上也隨之閃現出一副淡定而富於魅力的笑容。

鄰居很快就注意到其中的變化，他們都私下問她說：「凱薩琳小姐，您怎麼一下子就變得好像年輕幾歲了，您是如何做到的？」

「這一切都要從心做起。內心有一種歡愉的感覺，感覺舒暢就可以了。」

若人們不能成為自己情緒的主人，無法成為自己人性機器的專家，無法讓身心保持在一個最佳的狀態，那麼，人是很難真正感到快樂與成功的，我們的一切都取決於自身機器的運作。當然，在摩擦嚴重與沒有適當潤滑的情形下，一臺複雜的機器還是能夠做許多工作的，但若能讓這臺機器時刻處於最佳狀態與調試，無疑能創造更多的奇蹟與工作得更長。

鐘錶之所以能維持分秒不差的時間，不只是由於它有不差毫釐的時針、轉軸與秒針的完美平衡。準確的報時絕不是鐘錶某個具體部件的作用，而是各個轉軸與發條之間的不斷調整以達到勻稱作用的結果。

若手錶存在一個不達標的輪齒，這種缺陷將會決定一隻手錶的定位。手錶的絕對精確，不僅取決於每個螺絲、指針與輪軸的做工細緻，更重要

的是，每個部件都要相互作用，順暢地運行。

　　健康之於身體恰似時間之於鐘錶，身體各個部位的相互關係的和諧，就是一種最佳的狀態，任何一點的不舒暢都會讓身體出現失調。健康並不只是由發達的肌肉、深厚的肺活量或是強大的肝功能決定的。真正意義上的健康是身體各個器官和諧有序的運作。

　　心智的健康源於心靈組織的和諧運作，在到處是缺陷部件的情形下，豈可期望一個顯示精確的刻度表。就讓我們做個「人性機器」的熟練工，讓它順暢有序地運作，讓力量與快樂充滿全身！

第三章
快樂之門的密碼破解器

第三章　快樂之門的密碼破解器

　　我們經常聽到從某處尋樂的人回來後說：「玩得好開心」、「今天真是高興」等話語，但這兩個句子，其意思是完全不一樣的。快樂應是精神上的一種愉悅，是心靈上的滿足。

　　我緊跟幸福的腳步，讓她成為我的懷中物，
　　越過高聳的橡樹，搖擺的常青藤，
　　我穿洋涉海，為之追尋。

　　人生來就是要追尋幸福快樂的。在每個人心中，對於享受愉悅之感，追求生活樂趣，獲得人生幸福都有著強烈的欲望。

　　若是要世界上絕大部分人說出他們最重要的三個願望，這應該是健康、財富與幸福，再從這裡面選出一個最最重要的願望，那麼，多數人會選擇幸福。

　　每個人都在不停地追尋著幸福，自己或許沒有覺察到這一點，但這卻是每個人行為的最高動機。我們努力地在生活中創造美好的環境，讓自己過得更舒適一點，我們想要從日常工作的勞累與束縛中一點一點地解脫出來。

　　雖然，人類從誕生的第一天就開始尋找幸福，但真正能感悟到幸福的人又是多麼的屈指可數啊。

　　一心想要找尋幸福的人會發現，在原本自己設定的情景下是根本無法尋覓到幸福的。幸福並不是那樣獲得的，她是我們某種行為的產物，而不是像獵人獵殺動物那樣一擊即中，幸福很有可能就在你的這一秒鐘。

　　真正的幸福是那麼簡單，而許多人卻是視若無睹，她源於世上，是最簡樸、平和與樸實的東西。

　　幸福並不與低俗的追求、自私、懶散以及那些無盡爭吵相伴，她與內心的平和、真誠、善良、簡樸以及對美的追求為伍。

許多人在聚集財富的時候，抹殺了自己享受這一過程的樂趣。我們經常聽到有人這樣說：「他是很有錢，但無福消受。」

有些人想在這個悲慘的世界中找尋幸福，但幸福本身卻不是他們能夠找到的。

自私的人，是永遠難以品嚐到幸福甜美的滋味，因為幸福不會讚賞不符合道德行為的人，自私的追尋者只能兩手空空。自私與幸福從來就不能兩存。

哪怕是富甲一方，自私地追求幸福都是難有收穫的，因為自私並非是生活中持久滿足感的組成成分。任何人都不會對自私的行為感到滿意，因為這違背了人性的法則，我們在內心時常會鄙視自私的行為。

而對高尚事物有著客觀正確的認知能力的人，能在生活中獲益無窮。在生活的點滴中，若是養成了珍惜生活的每個瞬間，無疑會增添無窮的幸福感。許多人無法享受真正的幸福，因為從沒有學會如何去欣賞什麼，只是沉醉於感官刺激的欲望之中。

失望而歸的幸福追尋者無非是以下幾種人：一心只想著自己的人、一心只想找樂子的人、一心只想滿足私欲的人。幸福其實是雙向的，只有一心為善與為人著想，才能找到真正的幸福。

其實，人最大的一個自我欺騙，就是覺得在人生的青春年華中，忽視了家庭，犧牲了友情，忘記了自我學習，丟掉了所有值得珍惜的東西，一心撲在事業上。這樣還想找尋到幸福，簡直是痴心妄想！

若人們將自身的能力與機會都化為追尋金錢、聚集財富，忽視了感受物質之外的幸福，那麼即使發達之後，也是很難重新煥發那已萎縮的腦細胞了。江山易改，本性難移，人們對幸福的感受仍是取決於他之前對生活、對幸福的態度，當他從職場退休後會發現，一生所養成的習性是難以改變的。

第三章　快樂之門的密碼破解器

若你沒有讓自己欣賞美好、善良與真實的能力始終保持鮮活的生命力，就會像中年的達爾文一樣，在發覺自己已經失去了對莎士比亞與音樂的感知欣賞能力之後，感到無比震驚。

許多人是在以犧牲感知幸福的能力為代價去追求幸福的。這種追求幸福的方式已經將享受幸福的能力給扼殺了。可知道，就像是一個財迷心竅的罪犯都會認為罪行有助於改變自己的環境，偷竊的行為讓他自覺得意，當他在殺人的時候，內心彷彿覺得是在幹掉一個阻礙他通往幸福的天敵。

當我們鄙視自己的行為，內心覺得自己做錯時，是不會有幸福感的。當心懷怨恨、嫉妒與煩憂之時，難道他能獲得幸福感嗎？要想感到幸福，必須要有一顆純潔的良心，金錢與感官刺激都不能讓人感到真正的幸福。即便在最為惡劣的環境中，只要我們內心無愧，都可感到幸福的湧動。若是沒有了那份感覺，即便是讓其滿足世俗的一切欲望，也只能活得鬱鬱寡歡。

富基耶‧坦維爾[04]，法國恐怖統治時期革命委員會的審判官。他說當自己看到處決那些賢人、勇者、青年人、老人家時，心裡油然而生的是無限的快感。據說，某位犯人最終無罪釋放的消息會讓他非常憤怒，而嚴酷的宣判詞卻可以讓他 「快樂一番」。在辦公室裡，看到對不幸之人的處決，那麻木的心靈獲得了輕鬆與快感，正如他說的：「那個場景的確給我無限的樂趣。」

這些人從墮落的行為中感受樂趣，而這些樂趣在第二天何嘗不讓人感受噁心與羞恥。而有些人則從對不幸之人的幫助中獲得無盡的樂趣。

「玩得好開心啊」、「今天真是很高興啊」，類似的話語，我們經常可從到某處尋樂的人回來之後聽到，還從各種人中聽到這種論述，但這兩

04　富基耶‧坦維爾（Fouquier Tinville, 1746-1795），法國恐怖時期的著名法官。

個例子，其意思是完全不一樣的。「開心」一詞，若是缺乏開心的真實內涵，其意義並不大。

我們可能不清楚其中的動機，但我們時刻都想著去改善自己，讓生活更舒適一點，獲得更多一點的幸福，比現狀好一點。

但是，真正的幸福並不單純是神經系統的一次快感而已。她並非來自吃喝玩樂的快感，並非來自內心占有欲的滿足，真正的幸福存在於高尚的行為與富於貢獻的人生，存在於我們一句真誠的話中、一種高尚的舉止中、一次慷慨的行為中、一個有益的幫助之中，我們可從每個善良的思想、每句真摯的話語中汲取少許的幸福感。有人說，幸福是由許多小石組成的鑲嵌圖案。每塊小石頭都有其自身的價值，當所有的石頭拼湊在一起時，它們會組成一個耀眼奪目的整體 —— 一顆名貴的寶石！

幸福的追尋者啊，請記住：無論跑到天涯海角，最終會發現幸福原來就在自己身上，原來自己身上已經具有了。幸福絕不是身外之物，她必然是緊緊依附在你身上的，感受與享受的能力將決定感知幸福的深度。

「若內心原本沒有的，在世上的找尋亦是枉然。」《聖經》告訴我們，幸福在於對自身所感知的最高尚感覺的一種淋漓盡致的表達，她是誠實努力的產物。

儘管《聖經》中一再強調這樣一個道理，即通往天國的道路是在我們每個人手中，但一直以來，大部分人都試圖從身外找尋那一個並不存在的天國。

人們在生活中想透過物質 —— 金錢、房屋、土地、食物、衣服……這些讓自己「玩得開心」，認為這就可以打開通往天國的道路。換言之，他們試圖透過刺激五官感受、愉悅大腦這些讓人感到放鬆的方式來找尋天國，實際上，這一切只是徒勞。隨處可看到人們在嫉妒優秀之人，排擠軟

弱之人，總是想著從別人身上獲得好處，他們覺得若是能獲得這些，就會增添自己的幸福感。

我們所遇到的一大難題，是所尋找的幸福實際上並不存在於短暫易逝的事物上。我們總覺得，在滿足自身欲望或是本能欲望之後，就可找到她，幸福在於施予，在於行動，而不是一昧的索取。

無論金錢堆積得多高，都不會讓你的快樂多一點。讓人感到幸福與快樂或是悲慘與痛苦的，是內心的感受，而不是外物的刺激。

這個社會的風氣是欲望重重的，而幸福的反面是索取的欲望，正面則是施予的美德，真正的幸福必然是淡淡憂傷之後的某種遺忘。

那些對於為別人提供有益幫助的人、勇敢地投身於改善世界的人、踏實履行職責的人，幸福就是對你們的獎賞，我們要有助人為樂之念，讓世界因為自身的努力而變得更加美好。小小的善舉、溫存的話語，及時的援手、輕聲的鼓勵、忠實的履職、無私的服務、兢兢業業的工作態度、一份真摯的友情、一生的雋永愛情 —— 所有這些都是很簡樸的東西，但也許正是憑藉這些，才得以去找尋與捕捉那些看似飄忽不定的幸福。

在不同的種族、信仰、教派偏見的表象之下，生命中其實有一種統一性。倘若能真切感悟這點，將會驅除所有種族仇恨與階級對立的隔閡。我們都深知，若是人類都是同一個天父的孩子，我們的血管中必然是流著相同的血液，有著一樣的本質，共用一種博愛的精神。

威廉·迪安·豪威爾斯 [05] 說：「活在世上，並非是要戚戚於追求永不可及的個人幸福，而是要為全人類的幸福不斷努力。世上沒有比這個更偉大與成功了。」

05　威廉·迪安·豪威爾斯（William Dean Howells, 1837-1920），美國小說家、文學批評家、劇作家。代表作：《印度的夏天》、《新理想國之旅》、《透過針眼》、《論馬克·吐溫文學中的幽默》等。

「啊！當人人心繫別人之好，
世界和平就如劃過大地的一道光，
就像消融昏黑大海的一道晨光，
這難道不是黃金歲月的彌漫嗎？」

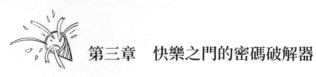第三章　快樂之門的密碼破解器

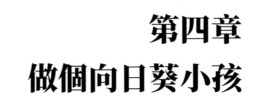

第四章
做個向日葵小孩

第四章　做個向日葵小孩

　　童年的教育直接影響一個人的一生，在孩子的心底種下膽小收穫的也只會是懦弱。所以在還是一顆種子的時候就每天給予他陽光和歡樂吧！

　　若手中握有權力的話，我將如一位哲學家那樣，讓學校充溢著一派歡樂祥和的景象，洋溢著優雅與燦爛的笑容。

　　──蒙田[06]

　　小奧利弗·溫德爾·霍姆斯[07]在耄耋之年，仍對小時候教育他的保姆深懷感激之情。這位保姆教育他要遺忘不愉快的事情，如果他磕到腳趾頭、擦破膝蓋、流鼻血，保姆從不讓他處於疼痛中，而是讓他將注意力轉移到美好的事物上來──或是引人入勝的故事，或是一段快樂的往事。他說，自己人生的大部分時光之所以能夠保持積極向上，主要歸功於當年的這位保姆。這種教育在童年的時候是很容易灌輸的，但人到中年之後，就變得困難了，到了老年則是奢談。

　　「當我還小的時候，」另一位作家說，「當我割傷手指時，別人讓我想到自己沒有摔斷手臂，我心中頓時感到欣慰；當一些煤灰吹進了眼睛，心情煩躁之時，但一想到表弟由於一次事故雙目失明，我立刻感到自己無比幸運。」

　　約翰·盧伯克[08]說：「若是每個老師都能將應保持樂觀心態的觀點傳輸給學生，那麼，整個世界將變得更加美好與燦爛。」

　　我們要教育下一代如何去抵抗快樂的敵人──諸如恐懼、擔憂、不安、嫉妒、自私等，要讓他們明白一點：內心懷揣的仇恨、報復與嫉妒的想法可頃刻將原本的可愛變成醜惡，原先的甜蜜質變為腐臭；人們心中倘

06　蒙田（Michel de Montaigne, 1533-1592），法國人文主義思想家。代表作：《隨筆集》等。

07　小奧利弗·溫德爾·霍姆斯（Oliver Wendell Holmes, Sr, 1809-1894），美國作家、詩人、演說家、醫生。代表作：《早餐桌前的教授》、《早餐桌前的詩》、《旅歐白天》、《愛默生傳》等。

08　約翰·盧伯克（John Lubbock, 1834-1913），生於英國倫敦，考古學家、生物學家和政治家。

沒有慈善之念，是難有樂觀積極品性的。

今後的教育者將會明白如何科學地培養與開發孩子的思維；如何去預防與治癒脆弱、孤僻的習性；如何抵抗幸福與成功的敵人；如何揚長避短，穿越讓許多人為之卻步的障礙。

我充分理解保羅·瓦倫丁博士在倫敦創辦「幸福學校」的初衷。無疑，世上沒有什麼比培養人們，特別是小孩學習掌握幸福的藝術更為極需的了，這種藝術是每個人都需要去嘗試的，但是，看看今天這個世界，有多少人一次又一次地遺憾與錯過，他們做著拙劣的修補，而這一切都無濟於事。

若是他們從小就接受適當的培養，就不會像現在這樣整天愁眉苦臉了，而是笑容滿面去應對生活。

我們有兩種對立的選擇，要麼讓孩子們的心靈朝向陰暗面，要麼讓他們奔向幸福，期待生命陽光燦爛的一面。這兩種選擇背後所付出的教育時間是等量的，都是甚為簡單的，我們有什麼理由不選擇後者呢，這只是需要換些方式而已。

人的一生，都要接受培養快樂的習慣，死亡遲早會到來，這是誰都改變不了的事實，人不可能因為這一天一定會到來而整天悶悶不樂。要讓他們的心態趨向於平和，感受幸福就像我們的呼吸一樣自然，這樣的培養絕不是生活中的某種輔助，而是一個重要的人生目標，因為人一生的幸福都深深繫於這樣的培養之上。孩子們在未來成年生活中的能力和所取得的成功，對社會的影響與貢獻，很大程度上取決於其心理的和諧與自身的幸福追求。

父母要學會知道如何透過強化孩子不足的一面，激發沉睡的潛能來均衡地培養孩子，這樣孩子的心智將變得平衡，一顆全面發展的心靈更容易獲得幸福，正如一個調適極佳的鐘錶能報出最精確的時間。

第四章　做個向日葵小孩

　　在教育孩子時，第一個職責就是讓他們充分發揮自己的天性，讓與生俱來的快樂天性可以自由舒暢地表達出來，正如小麻雀在草地上唱著愉快的歡歌啄食稻米一般，無憂無慮。壓制小孩快樂的天性意味著壓制他們的心理與道德功能的發展。若是一個孩子長期受到這樣的壓制，歡樂將會從他的心裡逃逸。有些母親們時刻提醒自家的小孩要小心，要注意，甚至不准他們大聲朗笑，做個鬼臉，這樣孩子就會逐漸失去童真。這些母親啊，你們可知自己對孩子造成了多大的創傷啊！

　　孩子們應當遠離以下的種種：惱人的憂慮、無端的沉思、害怕的情緒。他們的生活應該是春風和煦、充滿陽光的，那是一片燦爛的景象，到處是歡樂的笑臉，他們應該開懷大笑，盡興而止，人生嚴肅的一面不宜過早地展露，要想辦法延長孩子的童年時光。這個世界上，到處可見滿臉憂鬱的人，不帶一絲歡笑與高興的痕跡，沒有歡笑的童年是催人變老的重要原因，年輕的心應在漫漫的人生歲月中不斷昇華。否則，你的童心就會如沙漠一樣荒涼，無法湧出半點清泉。正是年少的無憂、歡樂與無邪，讓我們走過忙碌的中年，讓老年顯得不那麼的可懼。

　　一位著名的作家曾說：「少不張揚，難有所為；樹不開花，焉有果子。」

　　玩耍是孩子全面發展過程中必不可少的，一如陽光之於萬物。若童年時光像一株沒有花蕾與開花的植物，抑或只是半開的花瓣，又怎能期望能有豐碩的果實呢？孩子從小就需要玩耍，這點可從年輕人一股很強烈的玩耍衝動可知，這種衝動在整個動物界都是普遍存在的。

　　快樂的童年是邁向成熟中年的必需準備。人生的性情、心智的取向、抉擇，基本上都是發軔於童年時期。早年所養成的愉悅性情 —— 愛玩的天性，這對於一個人的真正成熟與事業的成功都是有莫大影響的。

一個能自由表達性情的樂觀孩子，大多數不會養成陰鬱的性格。隨處可見的心理病態的情形，其實都是濫觴於童年。

事實上，童年時期，玩耍的本能，愛玩的天性如此的強烈，充分顯示了孩子自身對此的需求，若遭到壓制，將會造成一生的陰影。

充滿陽光、歡笑與幸福的童年之於個人就如肥沃的土壤與溫暖的陽光之於生長中的植物。如果早期的環境不利，植物就會營養不良，枝葉萎靡，日後難以補救，對於植物而言，生根發芽恰恰是未來能否開花結果的關鍵時刻。人類亦是如此，備受壓制、陰暗的童年，只能將兒童的心智侏儒化。歡樂、無憂與歡笑的環境能催發能量、智慧與無限的可能性；而在枯燥、冰冷與壓制的氣氛中，則只會寂然，一聲不響，窩在角落。

到處可見面帶怒氣之人，因為他們早年失去了玩耍的時間，當年少的黏土逐漸僵硬之後，就難以適應更大的環境了。

在這個壯麗並且充滿歡笑的地球上，顯得極不協調的是孩子們那些滿臉愁容、哀傷的畫面，本應含苞待放的花蕾卻在綻開花瓣、散發芳香、露出尖角之前，提前枯萎，這是多麼的讓人痛心啊！

有些人確確實實應該為這種摧殘希望之花，熄滅承諾之火與扼殺無限潛力的罪惡行徑負責。

童年應該是充滿陽光的，陰霾並不應出現在兒童的天空之中，歡樂與美好，熱情與活潑，這才是童年真正應該享受的。這世界上還有著失去童年而悲傷與愁容滿面的孩子，無疑是摑了我們整個人類文明一記響亮的耳光。

讓孩子們充分享受屬於他們天性的樂趣吧！他們會自然成長為健康的男女，而不會任由陰暗面所控制，自然純真，意氣風發地超越動物本能的桎梏，這才是教育的應有之義。鼓勵孩子們全身心享受玩耍，為了讓他們

成為更好的商人、更優秀的專業人士，成為各行各業更出色的人才，相比於那些童心受到壓制的人，他們更容易成功與拓展影響。

許多人會覺得，將自己愛玩的天性展露無遺，這是不禮貌的行為。他們覺得自己要想變得有影響力或者至少被大家認為不是輕佻的，就必須要時刻保持頭腦冷靜、細心，舉止端莊。我們時常會見到一些人將手指豎在唇間，就懼怕自己大聲歡笑或是有趣的事被人聽到一樣。

在人生的初始階段，眼睛與耳朵等發育得越成熟、智慧與心靈等培育得越活躍，我們的情感就越趨豐富，感知的能力也更趨深刻。

若你養成了樂觀積極的人生態度，就可從平淡的生活中找尋詩意，讓陽光射進最黑暗的角落，在最醜陋的周遭中獲得美感與閒適之情。

早年對樂天性情的適當培養，會讓你發現未來自己的人格將逐漸完善，內心將得到昇華，生活於自己而言是一條康莊大道。

若是所有的孩子都接受歡樂的定義，世界將少上許多不幸、病態與犯罪。有人覺得應以商業的準則去教育，讓他們有去做某事的特殊能力，而對培養快樂的性情的必要性則被晾在一旁了。然而相較於教育本身而言，讓孩子養成快樂的性情更為必要，這應被視為邁向人生旅程的最重要的準備 —— 培養樂觀的性情，讓心靈嚮往陽光。

第五章
窮極了的富翁

第五章　窮極了的富翁

　　當一位富人被問到在他的一生中，什麼行為讓他感到最大的幸福時，他的回答是幫助一位貧苦婦人償還了房屋貸款。

　　每個心靈都可以感知到幸福，這種對幸福的感知能力不是任何機能可以增減，也不是任何環境可以改變的，更與財富無關。

　　年輕人應該掌握快樂之道。在一個手握百萬錢財，但除此之外別無一物的人面前，要勇於說出這樣的話：「我要立志開闢出屬於自己的成功人生，這並只是金錢上的成功。若是別人活得比我更成功，我將向他學習！」

　　若是財富能夠創造多數人想像中的幸福，那麼這個世界也未免太不幸了。若是財富是至關重要的，只有富人才能活得幸福的話，那麼他們將永遠生活在幸福的天堂，而窮人只能在不幸的地獄中忍受煎熬。

　　事實是錢財本身並不能讓人感受到幸福與開心，金錢要想讓人覺得幸福，必須使它服務於高尚的目標，激發對別人的善念，以此推動自己的幸福，而不是讓自己的動物本能大行其道。財富若是落入無知與情趣低級的人手中，是不能產生任何真正幸福感的。人倘若沒有高尚的理想，是很難真正幸福起來的。

　　多數人仍然懷著這樣錯誤的想法，認為幸福在於欲望的滿足，他們並沒有意識到「欲望是一道深深的溝壑，只會隨著欲望的膨脹而不斷地加深。」一位古羅馬的哲學家說過：「欲壑難填，追求金錢難有止境。」

　　自私欲望的滿足只能讓我們靈魂真正所需求的東西變得日趨缺乏，堅守自己人生的原則才能帶來持久的幸福之感。物質的上的東西難以長久，讓人難以掌握，物欲中不存在任何的長久與堅忍。

　　許多富人感到最為失落的一點，就是他們無法用金錢來購買幸福，金錢無法購買幸福的這一特點，讓世上很多人都是為之深深失望的。一心想

著透過金錢來找尋幸福的人，就好比想在一塊正在飄向大海的浮冰上尋求安全，金錢所能帶給我們的只是物慾的滿足，人類是不能單靠麵包來生活的。

很多人沒有累積很多財富，但卻樹立起了一座座巨大的人格豐碑；很多人沒有成為百萬富翁，但卻擁有著一個堅不可摧的信念，擁有著無價的友誼，在善良之人的心中永遠鐫下自己的名字。是的，他們沒有很多金錢，但在許多真正具有價值的、不能用金錢來衡量的事情上，卻是一位「百萬富翁」，他們無私地鼓勵、幫助著別人，以高尚的情操感染著許許多多的人。

所以，可以說除了錢，那並無一物的人才是真正的窮人！

富蘭克林[09]說：「金錢從來就不能讓人真正感受到幸福，金錢中不會有製造幸福的因數。」

大城市裡有很多富人，但他們的名字卻與很多有價值的事物無緣──他們沒有向窮人施與，從來不向有意義的事業貢獻一份力；他們對政治不敢興趣，缺乏公益精神，不參加任何真正助人的社區活動。

這些富人完完全全將自己包裹在自己的世界裡，覺得與其將金錢用於別人身上，不如用於自己或家庭。長此以往，他們變得越來越貪婪，內心也變得鐵石心腸。當他離開人世時，世人很快遺忘了他。

很多人從自身豐富的人生經驗可知，有著正確的目標、保持著友善和熱情、對人對事謙恭與細心，善於欣賞別人，努力地去工作──都給我們帶來無限快樂，但我們卻還仍過度看重金錢，放棄了對真正能給予這種成就感的能力培養。這難道不是很荒唐嗎？

09　富蘭克林（Benjamin Franklin, 1706-1790），美國著名的政治家、實業家、科學家、社會活動家、思想家、作家、記者、印刷商、慈善家。參與起草了《美國獨立宣言》。

第五章　窮極了的富翁

我認識一位富人，當被問到在他的一生中，什麼行為讓他感到最大的幸福時，他的回答是幫助一位貧苦婦人償還了房屋的貸款。人們預期中的回答應該是這位富人在賺錢的過程中，比競爭對手生產或銷售更多產品，但幫助窮婦人保住自己的房子所帶來的幸福感要比在職場中任何經歷都要強烈。

在我認識的一些心智最為發達的人之中，他們在這個俗世所擁有的物質並不多，但所具有的財富是金錢與羨慕都買不來的。

喬治・普爾曼[10]在成為百萬富翁之後，曾這樣說：「除了不再需要像以往那樣夙興夜寐的勞動之外，現在的我並不比當年那個口袋一分錢都沒有的我快樂多少，當年潦倒的我甚至比現在還快樂。」

羅素・塞奇[11]說：「金錢是造成虛榮與精神上煩憂的主因。」

在這個問題上，富翁們應該是權威了吧，儘管如此，芸芸眾生們還是對財富孜孜以求。

為什麼別人擁有的財富要比我多，卻還要拿走原本屬於我的財產？為什麼我自己只能擁有這點的錢財，而別人卻多上許多？不要用這些問題折磨自己，為什麼要自我貶低，向那些有錢人卑躬屈膝呢？難道只有金錢才能衡量事物是否有價值嗎？難道堆積的金錢比人還重要嗎？不！人類心中始終有一種信念，這種信念比身外所有物質都更高尚，更有價值！

若總是專注於斂財，總是想如何在這場金錢遊戲中成為勝者，滿足那無盡的欲望；那麼，已經沒有任何東西能重新燃起你心中幸福的火焰了。

首先，金錢至上的理念會成為一種習慣，最後發展成為一種疾病，與嗎啡、冰毒一樣讓人上癮。吸毒成癮者會失去自身的道德責任感，喪失對

10　喬治・普爾曼（George Mortimer Pullman, 1831-1897），美國發明家、實業家、工程師。他發明了列車的臥鋪車廂，並創辦了普爾曼企業城，將「企業城」創新理念引入現代工業。

11　羅素・塞奇（Russell Sage, 1816-1906），美國金融家、鐵路運營官、政治家。

真理與義務的認知，為了滿足自己的毒癮而不恥於滿嘴謊言。金錢狂熱病讓人自私，只會失去對朋友之間的責任感，這些都是極其不健康的。

其次，錯誤的人生態度讓生活顯得貧瘠，阻礙著自身的成長。對別人的覬覦、妒忌與錯誤的目標扼殺著樂趣，讓幸福蒙上陰影，看到別人的成功，就好似失去了自身所擁有的一切，自己好像也就這樣變得一文不值。

要想快樂，首先要認清自我。我們的內心都要有一桿秤，在秤偏移的時候，自己能發現問題，能懂得譴責自身的自私行徑。我從沒見過一位貪婪、自私之人能過得幸福快樂的。當人被這些錯誤習性控制，愛就從生活中消失了。叢生的雜草扼殺了脆弱的植物與盛開的鮮花，讓它們無法撒播芳香與美麗，可知，野草與美麗的花兒是難以共存的。

世上只有一種值得追尋的幸福 —— 健康積極的幸福，這不帶半點副作用。私欲的滿足將產生致命的副作用，很容易讓人們失去攀登人生高峰的能力。

金錢本身的價值被許多人過度地渲染與誇大了，金錢根本不能與樂觀的心態、高尚與平和的性格相提並論。金錢能帶來很多東西，對人實在是充滿了誘惑，尤其對那些心靈懦弱、膚淺和虛榮之人而言。財富也會招來許多敵人，這些敵人誘惑我們去做許多不利於自身的事情，這只不過是損害了自己的健康，矮化了自己的品格。

愛默生說過，如果你擁有了土地，土地也牢牢套住了你。財富總是要投入精力與時間，財富的累積也帶來更多的責任，這種責任的壓力讓人容易滋生享受玩樂的念頭，最終走向尋求感官與欲望的滿足。過多的財富是簡樸生活的大敵，我們自身的構成已然決定了，窮奢極欲的生活並不是通往自身幸福快樂的途徑。

社會上橫行最錯誤的一條理念就是：認為真正的幸福存在於物質之

中，而不在於一種心理狀態。我們懵懵懂懂地去追求那些認為可以解決一切問題及讓我們幸福的東西，以致最後失去了享受真正幸福感的能力。擁有的越多，想要的也就越多，在填充一個欲望之前，又製造了新的欲望。銀行帳戶上的位數不能讓人真的富有起來，只有心靈才能讓人變得充裕，若只有一顆貧瘠的心靈，再多的財富都不能讓人真正富裕起來。

　　自私者不可能品嚐幸福的甜蜜感覺，正如盲人難以真正領悟日落的壯美。富人中間有很多自私卑鄙之人、不擇手段懦弱之人，恩將仇報之人，他們一次次親手粉碎向善的機會，葬送自己的前程，而不是讓手裡的財富給自己重生的機會，反而繼續成為錢財的奴隸，這難道不發人深省嗎？讓透過卑鄙手段而獲得財富的人去享受幸福，這不是也很荒唐嗎？

　　我所知道最不幸福的人，就是堅持錯誤的人生觀念、將人生的重點本末倒置，在人生路上不斷錯過。他們只剩下人類思想中最為有害的觀念，以為滿足私欲就可帶來幸福，到最後只能什麼都收穫不了。

　　如果人拋棄了神性時刻的感悟，在困境中怨天尤人，將自己心中的造物者的形象撕碎，失去了進取的決心，只留下獸性般的人性，那麼他就只能深陷於純粹的獸欲中了，他離人的概念功能已經很遠了。其實，這恰恰就是很多百萬富翁所能追求的「幸福」，結果只能是這樣，他們可從獸欲的滿足中感受到自身的快感。要說的是，人之為人，只有在提升了自己的感受能力後，人們才能感知更高層次的滿足！

　　若是沒有一顆虔誠而單純的心去追求幸福，那麼是很難感受到完全與持久的幸福的。因為，任何系於物質上的東西都是易於變幻的。在物質追求中，沒有任何快樂是可以持久或是永恆的，這些都是物質本身所不能給予的。

羅伯特‧路易斯‧史蒂文森[12]清醒地意識到，物欲是阻礙人通往幸福的重要障礙。他一個朋友的家曾被大火燒毀，為此他還發去一封祝賀電報呢，因為朋友的妻子就是因為要管理手下一大堆僕人與龐大的財產，才變得整天精神恍惚。

在許多人眼裡，金錢意味著可以放縱地享受自己的動物本能。他們覺得只要有足夠的金錢，就可滿足所有的欲望，享受完全的自由，但他們也不難發現，金錢帶給擁有者的是數不盡的折磨與痛苦。

在這個時代，很多富人想盡一切辦法去平息心靈深處指責自己行徑的聲音，他們想從自己那不正當的財富中獲得幸福，卻不能明白為什麼金錢與影響力換不來一直夢寐以求的寧靜、淡然和滿足。有過一些磨難的富人可能會去建立學校，修建醫院，施與窮人，如果只是他平衡自己心理的行為，那麼在他一生之中依舊還是找不到幸福的影子的。

幸福是買不來的，正如愛情與尊敬一樣。我所知道最為悲慘的一群人是那些揮霍金錢，叫囂著要去買來理想中的幸福，殊不知真正的幸福只能源於正確的生活態度，清明、正直的生活。

錯誤的目標，容不得別人過得比自己好的虛榮感，都是難以產生幸福的。我們在內心中都鄙視想從別人那裡獲得更多東西的行為，我們也會為自己阻礙別人的進步、以不公平的競爭從別人的失敗中獲利等行為深感自責，我們都意識到這是不對的，內心深處在斥責著我們。倘若有人僭越了人類所能忍受的道德底線的行為，做了自己與別人都聲討的事情，那他又怎能幸福得起來呢？當在做一件事情的時候，你沒有充分考慮別人的感受，實際上你也是在不考慮自己的感受。自己良心這一關都過不了，何談幸福？

12　羅伯特‧路易斯‧史蒂文森（Robert Louis Stevenson, 1850-1894），英國蘇格蘭小說家、隨筆作家、詩人、旅行作家。英國文學新浪漫主義的代表之一。代表作：《金銀島》、《化身博士》、《綁架》、《巴倫特雷的少爺》、《內陸航行》等。

第五章　窮極了的富翁

　　生活的最偉大的目標應是，盡自己所能，汲取更多的美好與善良的成分。真正的富有超越了金錢的限制，獨立於財富之外，這些真正的財富是不會毀滅的，它不會流失於茫茫的波濤中，也不會在某個事故中化為灰燼。

　　人們任由自己的心靈變得貧瘠，讓自己高級感官的發展與延伸得到阻礙，這些感官能力的發展本身就可讓生活富於樂趣。而單純為了聲色犬馬的感官刺激去堆積物質的財富，只能導致我們日趨遠離生活原本的氣息，這樣的情形還不常見嗎？其實，名車豪宅、巨額存款，這些身外物，怎能滿足一個永恆靈魂所真正需求的呢？

　　許多的富人家庭中找不到一本激勵人心的書籍、一幅高雅的畫、一尊神聖的雕像，或是任何富於審美價值的藝術品，總之在這些人的家中，找不到任何使人奮進與感觸人心的東西，他們所展示的都只是俗氣，昂貴的地毯與壁毯，一切裝潢都很豪華，卻沒有任何一點能給予人們精神上的享受。

　　在許多貧窮的人家，我們會發現很多讓人奮發的精神力量，讓人們擺脫經常會出現的心理障礙或者是瞻前顧後的心理，我們從中發現原來心靈可向更高的天際飛翔，而這是在許多富翁的豪宅中所沒有的。在這裡，沒有昂貴的畫像與壁毯，也沒有任何小古董或是一大堆毫無用處的裝飾物 —— 也許，連地毯都沒有，但可以看到擺放整齊的一卷卷書籍，透露出擁有者的品德，讓人感知真正的修養之氣。在精神層面上，可以感受到，一股美好與善良的氛圍在這個簡陋的房子裡飄蕩，充盈著許多豪宅所沒有的美好與魅力。

　　美好的靈魂，善良的心地，良好的修養，這些都是讓簡陋的屋舍成為雄偉宮殿的重要原因。沒有了主人的這些特質，任何奢華的宮殿都會顯得

寒酸、俗套與荒涼。

最近，某位職員跟我說：「我只是一個普通的工作機器而已，上司說話的方式，好像我就是一個生活的失敗者。因為我沒有自己的事業，也沒有財富。他說，任何有頭腦與能力的人都能在這片充滿機遇的土地上出人頭地。」

「但他與我對於生活中成功與幸福有著不同的看法。有人會視成功為事業上的成就，或是在自己的領域中勝出，大賺一筆，有人認為生活中的成功就是成功的生活——在自己的專業中不斷進步，在人格的培養中獲得成功。

「我的上司看低我，認為我一無是處。因為我沒有像他那樣住在喧囂的大城市，也沒有像他那樣出入有車代步，我的家人的穿著沒有像他們的一樣，我的孩子也與他們的孩子相處不來，我們並不屬於一個社會圈子裡。我不會獲邀去參加委員會或是董事會之類的會議，但當你深入在具體的生活圈子裡，在鄰居的眼中，我的地位要比上司高上許多。人們將他視為一個精明如鼠的人，好像時刻在算計著別人，人們只是羨慕他手中的金錢，不是他本人，大家只是在他的財富面前卑躬屈膝。」

「在我眼中，聚集財富與聚集人格是差別很遠的。我一開始是為甲君工作——身為一個學徒的我，薪水當時只有週薪 3 美元，幾年之後，我就成為了主管技師。我相信，自己對工作的熱忱要比上司來得更為強烈，出色地完成工作能帶給我無限的樂趣，就如一件完美的作品讓藝術家為之心醉神迷一般。而我的上司卻只是將工作看作是聚集財富最實在的方式。他是一位天生的金錢攫取者，但我想，在生活中，有很多東西要比一昧地聚集錢財更為重要。」

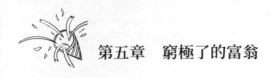

第五章　窮極了的富翁

第六章
尋找隱藏在身邊的快樂

第六章　尋找隱藏在身邊的快樂

讓我們像蜜蜂一樣，可以從各種花中提取到香甜的蜂蜜，不管這朵花是美麗還是醜陋、是芬芳還是腐臭的。

擁有再多，亦不過是雙眼目力之所見。

著名作家華盛頓·歐文[13]的小說讓我們認識到這樣一位法國公爵。他將凡爾賽與聖·克勞德作為自己度假的勝地，將杜勒爾與盧森堡的林蔭大道視為自己休閒的好去處，雖然這些不屬於他，他一樣可以從中獲得自己的樂趣。

這位公爵說：「當我路過這些美麗莊園的時候，我把自己想像成它們的主人，它們是屬於我的，熙攘而快樂的人群則是我的邀客，對此，我樂此不疲，我所擁有的是一座無憂宮，在這裡，人們可以盡情地玩耍，沒有人會冒犯到主人。整個巴黎都是我的一座大劇院，不斷在我眼前上演著讓人嘆為觀止的戲劇，我的椅子在每條街道上靜靜地橫躺著，數以千計的人們等候著要在我的椅子上休息，我為僕人們支付工錢，他們為我服務，就這麼簡單。當我轉過身來，並不擔心他們會做壞事或是偷竊什麼。」這位老紳士面帶微笑，幽默地說。「當我回想起以前所遭受的苦難，想到現在的快樂，怎能不認為自己是個有福之人呢？」

養成知足常樂的心境吧，很簡單。能從紛雜事情中汲取生活營養的人，是真正的富人。我們的眼睛能看到世界的一切，這還不能讓人感到滿足嗎？我們不需要去糾纏這些到底是屬於誰，我們要做的只是欣賞這些美麗的花園 —— 這所帶給我們美的享受的花園。這難道不是跟花園的主人一樣的嗎？我們何嘗不就是它們的主人呢？漫步的時候，沿途美麗的植物：青青的草地、豔麗的花朵、高大的樹木，這些都是屬於我的。在名

13　華盛頓·歐文（Washington Owen, 1783-1859），美國短篇小說作家、隨筆作家、散文家、傳記作家、歷史學家。代表作：《見聞雜記》、《沉睡穀傳奇》、《喬治·華盛頓傳》、《穆罕默德傳》等。

義上屬於別人的東西並不能奪走我去審美的權利。無垠的田野、壯美的山川、潺潺的小溪、蔥蔥的綠草、幽深的峽谷、婉轉的鳥叫、落日的萬斛霞光……這些都不是某個人所能獨享的，而是屬於具有慧眼欣賞的人，屬於能夠感知的人。

高尚的人能夠從貧苦與惡劣的環境中汲取寶貴的精神財富，讓人生因之增輝。然而很多人則在奢華與舒適的溫室中，消磨歲月，一無所獲。這該怎麼解釋呢？

這完全是一個考驗我們是否具備感知環境的能力問題。有些人對美視而不見，在最雄偉與壯觀的景色面前，渾然不動──內心激不起半點漣漪，心靈沒有半點震撼。何談去感受讓人為之心醉神迷的激情？

有個故事是這樣的：一個旅行團在阿爾卑斯山上旅遊。遊客中有一位女士與一個嚴肅冷靜的德國人。導遊指向一個地方，在那裡，壯麗的景色豁然出現在遊客眼中，女士首先見到，注視著眼前的景色。「多麼美麗啊！」德國人在看到之後，雙腳下跪，雙手撫著頭，作不可思議狀，大聲叫道：「我的上帝啊！（Ach mein Gott）感謝您，讓我活到今天。」

「若你一無所有，那還是先感謝別人所有的吧。你將會驚訝地發現，快樂會很自然地從你心底生髮。」查爾斯・F・阿凱德[14]博士如是說。

喜歡抱怨的可憐的朋友們，你們可曾意識到，自己是多麼的富有啊！你說自己沒有土地，沒有屬於自己的房子，只是與家人蝸居在只有一兩個房間的屋子裡，然後你們又羨慕別人劫走了多少原本屬於自己的快樂，心靈狹隘之人總是無法去享受名義上屬於別人的東西。在渾噩的生活中，任由對別人的嫉妒剝奪自己的快樂。我們本應去享受生活中原本值得去享受的一切，不論這些在名義上是為誰所有。倘若因為自身沒有能力去購買某

14　查爾斯・F・阿凱德（Charles F・Aked, 1864-1941），美國作家。

第六章　尋找隱藏在身邊的快樂

些東西而去妒忌別人，這樣的做法是多麼愚蠢啊！我們應學會時刻去享受在常人眼中看來不屬於我們的東西──就像一隻小鳥，它並不在乎自己是否名義上擁有某片土地。在它們的遷徙中，快樂地營造著自己的小巢。

你是否有時停下來想一想：在偌大的自然與社會中，你是多麼富有啊！大街、馬路，這些都是免費的；公園是你的；公共圖書館既是富人的，也是你的；河流、小溪、高山、落日、種種神奇的奧妙，蒼穹的美麗，這些都是屬於你的，即便是洛克菲勒[15]所享受到的陽光也並不比你多，月光、星光這些都是你我他所共用的。大自然的魅力，四季的嬗變，造物者到處撒播的歡樂，這些都是屬於你的。美麗的風景屬於名義上的擁有者，也屬於你這個門外漢。

可以想像，一座大城市要保養好一座公園所花的鉅額，即便是卡內基財團也沒有這個財力，但身為一個普通人，你卻總是可以享受它們的最佳景致，內心沒有半點要如何保養它們的煩惱，自然會有管理人員去打理這些。他們既為富人服務，也為你服務，你無須花錢去雇用他們，監督他們，這些煩憂不會擾亂你平靜的心境。偌大公園裡盛開的花朵，飛翔的鳥兒，古樸的雕像，這些美麗的事物，同樣屬於富有的人，也屬於你。因為，在大城市裡，最貧窮的人其實也是大地主，他們心中擁有數千畝的土地。

困擾我們的，是之前人們過度渲染和誇大的關於累積財富的重要性。事實上，人類的智慧並不適於感知或享受超出其承受範圍的東西，冗雜的東西本身就失去其存在的意義。某位作家曾這樣說：「我寧願去享受自己沒有的東西，也不想去擁有自己無法從中感受到樂趣的東西。」

15　約翰‧D‧洛克菲勒（John D Rockefeller, 1839-1937），美國實業家、慈善家。因革新了石油工業和塑造了慈善事業現代化結構而聞名。1870 年創了了標準石油公司。

羅伯特・路易斯・史蒂文森曾經收拾好圖畫與傢俱，將這些送給一位將要結婚的敵人。他寫信給朋友說，自己最終成為了自己的主人，而不再是那些債券的奴隸了。「千萬不要成為財富的奴隸。否則，我會為你感到深深的悲哀。」在一個月的時間裡，好不容易等來了去欣賞畫廊的好興致，當心情來了，就該馬上去，去全身心地欣賞。讓那些為錢勞役的僕人去拂拭畫像上的塵埃，為你的到來做好準備吧。

　　為什麼我們要苦苦掙扎，以求獲得這個世界上某點在名義上屬於自己的東西呢？這已經是屬於我的世界，為什麼我要去嫉妒名義上屬於別人的東西？它屬於那些能夠欣賞，能夠感悟其中樂趣的人。我不需要嫉妒在波士頓或紐約的房地產主，他們只不過是在照看我的財產，並且幫我維持一個優良的狀態。只消花費幾美分，我便可以坐上火車，隨著性子，去欣賞，去領略最美好的事物。這一切來得如此的輕鬆，如此惬意。蔥青綠草，森森灌叢，草地上聳峙著傑出藝術家雕刻的雕像群。無論在什麼時候，只要心中嚮往，我們都可以前往，我並不想將這些東西占為己有，搬進自己的家中，因為我無力去保養它們，還有這也會花去我不少寶貴的時間，我的內心還會因此不時產生莫名的憂慮，深恐它們被偷竊或是損壞。在這個世上，我有太多財產了。這些東西早已為我準備好了，隨手可得。

　　身邊的一些人努力地想用廉價的東西去取悅我，但我為圖書館、鐵路、畫廊、公園所支付的金錢還遠遠小於他們給予東西的價格。生命與山川皆是屬於我的，星群與花朵，海洋與空氣，小鳥與樹木，這些都是屬於我的，夫複何求？歷史積澱的一切讓我陶醉，所有人都是為我服務的，我所要做的只是，養活自己。在這片充滿機遇的土地上，這是輕而易舉之事。

　　有些人並不需要去占有某物，然後再去享受它們。他們天性中並沒有嫉妒所存在的位置，別人有錢，有大房子，即便自己活在貧窮之中，他們

也會為這些人感到高興。亨利·沃德·比徹，就是具有這般豁達、慷慨而富有魅力個性的人。他可以做到輕輕地來，輕輕地走，不帶走一片雲彩亨利·沃德·比切他說過，出去外面，看看商店櫥窗上漂亮的東西，也是一大享受亨利·沃德·比切特別是在聖誕假期的時候，不管那些雄偉的建築和神奇的裝飾是屬於誰的，他都陶醉其中。管它屬於哪個富豪呢。

菲利普斯·布魯克斯[16]、梭羅[17]、加里森[18]、愛默生[19]、比徹[20]、阿加西[21]，這些都是沒錢的富人。他們可從普普通通的花朵中看到豔麗之處，從青綠的草地上看到耀眼的光芒，從奔流的小溪中看到智慧的流動，在磐石上領悟佈道的涵義，從自然中感受美好，他們都深深明白：能真正領悟山川之妙的人，絕非是占有它們的人，他們能從草地、田野、花朵、鳥兒、小溪、高山、森林中汲取無盡的能量與財富，每個自然之物看似都能帶給他們美麗之神特別的資訊。對這些具有高尚特質的心靈而言，每個自然之物都具有能量與美感。他們對這些的感覺就像沙漠中的旅者，在綠洲中喝上了甘洌的泉水。舍舟理輕策，果然愜所適，從人類紛繁冗雜的事物中汲取能量與真正的財富，似乎這才是他們的使命所在，然後樂於奉獻的他們以清新的甘霖灑向人間，回報社會。

你是否留意過，蜜蜂經常從在我們眼中最骯髒與醜陋的花朵中汲取花

16　菲利普斯·布魯克斯（Philips Brooks, 1835-1893），美國作家，教士。

17　梭羅（Henry David Thoreau, 1817-1862），19世紀美國最具有世界影響力的作家、哲學家，代表作有《瓦爾登湖》、《公民不服從》、《遠足》等。

18　加里森（William Lloyd Garrison, 1805-1879），美國廢奴主義者、記者、編輯、女性參政論者、社會改革家。因擔任廢奴先鋒報紙《解放者》的編輯而聞名。他也是美國反奴隸制協會發起人之一。

19　拉爾夫·沃爾多·愛默生（Ralph Waldo Emerson, 1803-1882），美國思想家、文學家，詩人和演說家。美國超驗主義運動的核心人物，被譽為美國的「孔子」。代表作：《論自然》、《英國人的性格》等。

20　比徹（Henry Ward Beecher, 1813-1887），美國社會改革家，演說家，教士，廢奴主義者。

21　阿加西（Jean Louis Rodolphe Agassiz, 1807-1873），瑞士裔美國籍古生物學家、植物學家、地質學家。以冰川理論而聞名。

蜜。我認識一些善男信女，他們這種神奇的本能得到了極大的拓展，養成了從各種事情中汲取「蜂蜜」的能力。他們能從最惡劣的環境中汲取美好。他們在與赤貧者、卑鄙者、不幸者的交流中，也能從中發掘出讓生活感到甜美與閱歷豐盈的東西。

從紛繁世事中汲取樂趣的能力真是上帝的一種賜禮啊！這讓我們拓展人生的維度，深化自身的閱歷，豐富情感，這是自我培養的一種重要力量。

快樂的祕訣在於一顆雀躍與知足的心，滿嘴牢騷的人，即便家財萬貫，實際上也是窮人。知足之人，能從別人所擁有的東西中享受樂趣的人，那才是真正富有的人啊！

「我們時常抬起雙眼，找尋生活的獎賞，

但，當智慧的年歲已讓我們變得睿智之時，

卻以同樣的眼光，看待世上的一切，

一如昨天，匆匆走過，踏雪無痕。」

「有很多歡樂，等待我們伸開手臂去擁抱。上帝留下一萬條真理，但這些真理卻像小鳥輕點水面，白雲出岫般無心地掠過，對此我們似乎早已關上了心靈的大門。所以，它們什麼也沒有帶來，只是在屋簷上歇下腳，然後，翩翩地飛走了。」

第六章　尋找隱藏在身邊的快樂

第七章
我們這裡還有魚

不少有成就的人們，其實都深受心智疲乏之苦。他們在繁雜的事務中消耗著精力，任由自己身心疲憊，直至失去抵抗力。

> 最友好與快樂的一對，
> 有時也要互相忍讓。
> 在淡如水的日子中也會有讓他們
> 深感遺憾與需要遺忘的事情。
> ── 古柏[22]

不少有成就的人們，其實都深受心智疲乏之苦。他們在繁雜的事務中消耗著精力，任由自己身心疲憊，直至失去抵抗力，對此，他們無法自拔，只能乖乖讓自己成為心智萎縮的受害者。

這個國家，數以千計的家庭主婦難有足夠的日常休息時間。她們中的很多人沒有充裕的睡眠時間，不時要被小孩所打擾，背負著維繫一家運轉的沉重負擔，加之冗雜與單調的生活。這些已經足以衝垮年輕的心態並且摧毀普通女性的健康，恐怕少數極為堅強的女性才能對此倖免吧。

而男人們，除了在規定的上班時間比較忙，其他時間則是自由自在的，他們很少會意識到，在家庭生活中，女性的工作量是他們兩倍，除了這些還有很多讓她們為之煩惱的瑣事。對於這些，男人們很少能體會到。若是家庭主婦們能生活在一種合理與有規律的狀態之下，她們是可以獲得幸福與快樂的。若是丈夫與妻子能交換一下位置，不出一個月，大部分的丈夫會趨於崩潰的邊緣。

家庭主婦們的神經本來已變得很脆弱，丈夫們又常常因為對方焦急而責備她們。其實，焦急何嘗不是身心疲勞結出的惡果呢？這是長時間單調

22　古柏（William Cowper, 1731-1800），英國詩人，浪漫主義詩歌的先行者之一。擅長贊詩與自然風景的描寫。代表作：《奧爾尼詩集》、《痴漢騎馬哥》等。

工作與沒有波瀾的生活，各種瑣碎與冗雜的小事讓她們的神經時常處於一種疲乏的狀態。

在許多不和睦的家庭中，大部分的摩擦都源於疲乏的大腦不堪重負所致。有時，我們給別人帶來的大部分的心理創傷都是無心的，所說的那些尖酸話語、肆無忌憚的批評，都顯得是那麼冷漠，那麼不友善。即使在這些背後，我們還不是本著一顆善良之心的？但當時卻被紊亂的神經所控制。有時，我們甚至對最好的朋友或是最愛的人說出殘忍的話語，這是因為我們的神經已經處於一種紊亂與憂慮的邊緣。而這些事情原本都是我們絕不想公諸於眾的事情，但是，煩憂、麻木的疲乏，將自控力剝奪得一乾二淨。

不知有多少人耿耿於懷惡語所帶來的傷痛，長達數年，乃至一輩子，其實這些都是我們在身體機能出現下沉之時的氣頭之舉。本來是無心冒犯任何一位好友的，但我們被事情的瑣雜擾煩，倍感疲憊之時，就會傷害深愛的人或是需要幫助的人。

由於缺乏適當的運動或是輕鬆的調劑，這時失眠就會出現，邪惡的想法也會在腦海裡叫囂，這樣的心智疲乏所帶來的是精神和肉體上的罪與罰，其實也是世上多數悲慘與失敗的源頭。

舉一個深受失眠之苦的人為例。艱苦的生活與經濟上的拮据已摧毀了他的商業夢想，但他有著小心翼翼與對事敏感的性格，即便當年在事業順暢之時，他也是滿懷憂慮，當他的身體活力處於低潮時，是那麼的心急如焚，同時身體的抵抗力在銳減，意志力完全無法控制自己。最後，他只能淹沒於各種瑣事所帶來的煩憂之中。而在正常情況下，他是不會理會這些瑣事的。他對雇員的管理方法讓人感到難以理喻，對依賴於他的人殘酷無情。他時常說事後深深懊悔的話。換言之，他身上的野蠻因數時常占據心

靈的統治地位，在某些場合很容易成為衝動的奴隸，而這些原本正是他竭力想去克服的。

當你對能否控制自己不敢確定之時，有一件事情是你必須要去做的，那就是立即停止手中的任何事情，找個安靜之處，讓自己獨處，可能的話，走到戶外，讓自己放鬆幾分鐘，以求恢復心智的平衡，理清事情的前因後果，找回一個男人應有的理性。

和煦的陽光是幸福所必需的，正如桃花的綻放離不開它一樣。對於許多滿臉寫著憂慮、沮喪與鬱悶的人們，若是陽光能灑進他們的心中，他們也能充滿活力與愉悅感。

心智疲乏的受害者應該在有規律的生活中，有條不紊地活著。留心自己的健康，吃一些有益於大腦的食物。

憂慮、煩惱以及各種莫名的恐懼，這些都是脆弱神經的致命敵人，過度的工作尤其如此。何不擠出一點點時間做一些戶外運動呢？沒有什麼能比在一個輕鬆、愉悅的環境中做適量戶外活動更為有益的了。

不久前，我收到一位在業界嶄露頭角的年輕律師的來信，他說自己深受神經衰弱之苦。剛開始工作的時候，他有著一副強健的體魄，但他卻急於想為自己的才華正名，於是沒日沒夜地工作，每天超過 15 小時，嚴重損害了自己的健康。他懷著許多人都有的錯誤觀念，認為人在一天之中可以長時間地工作，然後年復一年地堅持，那麼相比於工作時間少或是經常度假的人來說，就會形成工作量上的優勢，他認為自己不能將時間浪費在到鄉村旅行，甚至捨不得偶爾一兩天的休息，出去打一下高爾夫球。正如其他年輕的律師那樣，當別人在玩耍的時候，他努力為自己正名，所以他不斷從大自然母親賜予他的健康帳戶中透支，現在，他的身體已經垮了。

當他處於本應去做最重要的事情之時，當他的年齡本該是最具有成效

與旺盛之時，創造能力本該是旺盛之時，卻因心理承受力的崩潰而不得不放棄自己的職業，如果更不幸的話，這一別或許是永恆。

　　人永遠都不應僅僅為了生活而成為工作的奴隸，一下子透支自己全部的精力。人們最終將會了解到，我們可以用更高的效率，在更短的時間裡比現行的工作做得更多。只工作，不休息，讓人愚鈍，事實上，人類擁有的強烈愛玩天性表明：我們在生活中該尋求足夠的樂趣，但是，很多員工卻每天被強制要長時間地工作，只因他們的雇主並沒有意識到，清醒大腦與強健的體魄所具有的神奇作用。

　　無論是多麼的身強體壯或能力超群，大腦細胞與我們經常運用的其他功能一樣，就像時常被調緊的琴弦，失去彈性、緊度與韌性，就會顯得沉悶。

　　若是在工作時緊繃的大腦不能富於靈活變化，就無法讓大腦旺盛的創造力得到自發的釋放，這時需要獲得適當的休息與調劑。過度用腦的人，在生活中缺乏樂趣與玩耍，這些人通常在事業的早期就變得遲鈍起來；因為缺乏應用的變化、心靈的滋養與刺激而逐漸萎縮與乾涸起來，是他們自己摧毀了追尋幸福的能力。對於體力勞動者而言最需要的是有規律的休息，而對腦力勞動者就沒有什麼比注入新穎的觀點更為有益了。我們到處都可見一些過早撒播種子的人，最後只能讓自己變得遲鈍與無趣，因為他們工作太多了，玩耍時間太少，單調的生活將創造力窒息掉，將快樂掠走。

　　許多人在機械式地工作著，認為這是無法逃脫的負擔，但是，所有的工作原本都應該是充滿樂趣的。若是所有人都能處於自己正確的位置，並且在最佳的精神狀態下工作，這無疑是充滿無限樂趣的，那麼對大腦與肌肉的運用將給人帶來一種健康舒適的感覺，工作將充滿成就感，而不是一

種負累，生活應該是充滿樂趣的，而不是一種掙扎。工作，就如宗教一樣，絕非是要讓生活少點樂趣的。對健康工作極其重要，不僅有助於提高效率，也有助讓人的感官更為敏銳，同時，健康也是快樂幸福的基石。

很多人感受不到身心在最佳的工作狀態與在疲憊時的工作狀態之間的巨大差異。當一個人的神經中樞疲憊了，且不論這是因為過度用腦還是因為沒有攝入適宜的食物所致，他就不再是自己了，人的思想、目標、能量或是理想的層次，在很大程度上取決於身體的健康程度。

誰能估量神經疲乏之人所製造的悲劇呢？許多犯罪的發生就是由於疲憊造成身體機能的反常行為所致。此時，人們要去做各種怪異的事情去滿足困乏的身體組織所需養分，人們會試圖用酒精或其他消磨的方式來恢復自己精力，於是，悲劇發生了。

若是這個國家的人們能夠遵守健康生活的規律長達半年的話，我們的文明程度將上升不止一個等級，悲慘的事故與犯罪事件將會大幅度削減，人們的幸福感將會大幅度提高，隨之工作效率也將普遍得到提高。我們可以肯定地說，無視健康法則是造成讓我們深受疾病、抑鬱與沮喪之害的罪惡之源。

我們要花上很多時間去學習很多實際上用不上的東西，當然諸如對自律的學習還是很有必要的，但在這個過程中，我們已然忘記了去發現真正的自我，這實在是奇怪的事情，無疑是對造物者的一種侮辱。祂用無與倫比的手法神奇地製造了我們，難道我們就不該花些時間，去研究造物者花上四分之一個世紀來讓人身體趨於成熟的奧妙所在嗎？這比我們花時間去研究某種已經不再使用的語言（除了在很間接的方式中才會用到的）更有意義。

我認識一位年輕女士，她自身有著很強的能力，當她身體健康之時，精神狀態是很不錯的，她取得的成就是驚人的，但在大部分的時間裡，她

身體抱恙，人生的追求也隨之降低，讓她沮喪不已，結果她未能發揮屬於自己 10%的能力，想淋漓盡致地發掘自己的天賦成為一個遙遠的夢想。我們時常可見一些人，若是他們的身體能保持在一個良好的狀態，本有能力去轟轟烈烈地幹一番偉大的事業，會有絢麗的人生，不會像現在這樣只能做著瑣屑與卑微的事，庸庸碌碌地活著。

成功與快樂的首要祕訣就是要有強健的體魄，大腦的正常運作很大程度取決於腸胃的消化與肌肉的休息。健康是生命之火，讓我們快馬加鞭，而羸弱的身體則會削弱工作成效，讓我們顯得渺小，任何勤勉與堅強的意志力都不能彌補這種身心摧殘後的惡果。

健康的身體將清除大腦裡的蜘蛛網，洗滌腦海中的塵沙，讓人的心智走上正軌，將大大提高人的工作效率與身體機能的運作。為了能夠提升自身的判斷力，讓各種功能敏銳起來，增加身體的能量，我們必須使身體的各個組織細胞都能獲得足夠的休息。

一個身體孱弱，四肢發育不全與肌肉鬆散之人，是不可能具有活力的，難以擁有健康體魄熱所具有的活力。理想取決於心理機能的品質與活力，因為呼吸渾濁空氣，養成不良生活習慣或是缺乏戶外活動，而讓流經大腦的血液變得不純淨，是難有大成就的。正是純淨的血液讓我們擁有純淨的思想與享受人生的能力，而血管中迴圈的純淨血液只有來自一種平和的生活，充足的戶外鍛鍊，各種心靈雞湯，還有充足的睡眠。

看到一個身體羸弱、發育不全的年輕人站在追求成功的賽道點上，心中卻幻想那些身強體壯人的前面，這是多麼荒唐啊！與充滿活力，每個毛孔都散發著能量蒸汽的年輕人相比，真正獲勝的機率能有多少呢？一場本該積極昂揚的生活賽跑，卻在發令槍響起的時候就勝負已定，這是何其不幸啊！

第七章　我們這裡還有魚

　　若是人們能站在生活的門檻上，感覺到活力四射，朝氣蓬勃，樂觀向上，意識到自己的身體能量與力量足以應對生活中任何緊急的情形，讓自己成為生活的主宰者，這又是多麼的讓人欣慰。

　　充沛的活力不僅增強自信，也可提升別人的自信，這種自信就是力量與成功的保證。生活的獎賞很少會榜落於身體素質優秀之人，強健的體魄不止提升人的能量，也可擴展我們整個的腦力活動，增強享受生活樂趣的能力。健康之人擁有的魅力如磁鐵般強大，能讓成功回應自己的呼喚。

　　最近的科學研究顯示，幸福建構於生物體中最微觀的細胞之中，數以億計的微小細胞的健康度對我們的幸福至關重要，任何擾亂這種健康有序的行為都會造成不協調，造成細胞的潰爛、壞死，嚴重影響人的身心健康與幸福。

　　倘若不對構成幸福的生理因素有適當的了解，是難以真正解決幸福這個問題的，到底真正讓人們生活幸福之歌的走調的不和諧音符是什麼？幸福的新哲學又是什麼？

　　那些想要追尋幸福的學生必須要意識到，我們擁有的幸福與品性在很大程度上取決於健康的身體。他會發現，健康的身體雖不能保證與不幸絕緣，但真正的幸福卻絕對離不開健康的體魄；他會發現，人體的腦細胞的健康度決定著我們能否獲得幸福；他會發現，我們的開心或抱怨，情緒的高漲與低落，希望與絕望，勇敢與懦弱，在很大程度上都是取決於身體組織的活力，心跳的頻率，神經的強韌。事實上，這一切歸功於整個身體機能的和諧運作，很少人意識到培養與提高健康實際上就是培養與提升自身的素養，每個層次上的提升，都意味著心理機能的完善。提升健康，增強勇氣，燃起心中的希望，催發自信，主動出擊。一言以蔽之，擁有健康有助於提升人的各個機能 —— 生理功能與心理功能身體素質的下降意味著

心理機能與情感感受力的下降，意味著我們勇氣的喪失，意味著工作的心思匱乏，意味著我們的耐力減少，抵抗疾病的能力減弱，而這些都是工作效率與快樂的大敵。

　　健康的身體與樂觀的情緒自然會產生幸福，一顆充滿陽光的心靈能改變生活中最殘酷的環境，它的力量是超出我們估量的。世界青睞於眼中含有微笑，面帶朝氣，心中充滿陽光的人。下定決心，對人友善，助人為樂，無論發生什麼事情，樂觀應對，這就是幸福的最大的泉源。這正如先賢所說的：「當一個人在自己心中不能找尋到寧靜，到別處，即便是瘋狂的追尋，亦屬徒然。」

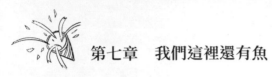

第七章　我們這裡還有魚

第八章
保持快樂的自我催眠術

第八章　保持快樂的自我催眠術

曾有一個腿有殘疾的年輕人，其實他的腿早已痊癒，如正常人一樣，但是他卻還一瘸一拐地行走，這完全是因為他的心理影響了他的行為。

> 心智鑄就一個人
> 旺盛的精力源於永恆的靈魂之中
> —— 奧維德[23]

自我憐憫，自我安慰的習慣無疑最能扼殺人們的創造性，因為在這個過程中自信會被摧毀，能量與勇氣會被消磨。如果想將能量與精力運用於工作之中，就必須要有足夠的自我表達能力，在這個過程中不要懼怕任何的阻力。

當你自憐之時，認為這也做不了，那也做不了，心智的水準馬上就會下降一個等級，創造力也將大打折扣。

有這樣一個人，他天賦異稟，但卻總是不斷地自我懷疑，對身心狀態抱著錯誤的觀念，以至陷入一種病態之中，自信心大受打擊，最終處於一種無助與絕望的狀況。

他總是時刻想著所吃的食物，想著哪些該吃，哪些不能吃，哪些適合自己，每吃一頓飯，總生怕會有消化不良的症狀，這樣只能讓消化系統不堪重負，結果真的導致消化不良。

他總是想要一些有品牌的東西；當出門在外，總是要自帶咖啡與茶，一些早餐食品；在飯店用餐時，總要點一些特製食品；當別人感到悶熱難耐之時，他卻總想著要關緊門窗，防止自己著涼。

他總是時刻關注著有關專利藥品的廣告及醫學方面的書籍，思索著如何為可能染上的疾病找到良方。每次遇見他的時候，他的身體總是會出現

23　奧維德（Publius Ovidius Naso，西元前 43-17），古羅馬時期詩人。代表作：《變形記》、《愛的藝術》、《愛情三論》等。

某些新的疾病症狀。

　　他一昧地記掛著自己身體上的病痛，自憐著，想像著各種可怕的事情會隨時降臨在自己頭上，他認為自己在做某件事的時候，必定會帶來某些壞的結果。

　　這種思維方式帶來的結果就是，他的天賦也消磨殆盡，成為了一個侏儒，而不是原本的思想巨人。若他能掙脫出加諸於自身的枷鎖，走出陰暗的心理，從這種病態與狹隘的思維中走出來，他將會活出真正的自我。

　　醫生說，他本人的身體沒有任何問題，問題出在心理。他總是想著自己，過度愛惜自己的身體，幻想著各種身體疾病所帶來的限制，而且還耗費大量的時間去研究疾病的症狀，他讓自己失去了活力，成為一名無可救藥的疑病症患者。正是心中所幻想的，摧毀了他，並不是實際上所謂的疾病。他是自己想像力的受害者。

　　一個天賦超群的人，在其本應大步前進之時，卻在小心翼翼地匍匐向前；本應成就大業之時，卻仍是小打小鬧。究其原因，只是他過度關注自己了，總是顧念著自己，最後成為這種自我憐憫的病態思想的奴隸。

　　若是人們在心裡總是一昧的自我限制，製造一些人為的障礙，怎會有一番大成就呢？因為，人們所取得成就是難以超越自己想像之域的。當一個人總是想著自己體弱多病，認為自己什麼都不能做，那他也就真的什麼也做不了。

　　任何能夠讓人的身體變得強壯的事物，對神經與想像功能上的疾病而言，都是有莫大幫助的，但最有效的療法還是心理上的自我療法。

　　一位著名的醫生長期專注於神經疾病領域的研究，他發現病人總是難以從處方藥或是其他藥物中獲得滿意的療效。最後，他試著讓病人在任何情況下都要保持微笑，不論他們願意與否，也要保持微笑。「讓你的嘴角

上揚一下。」這句話就是他開給那些深受抑鬱症患者的良方。無論病人們感到多麼的悲傷或是憂鬱，都要保持微笑。微笑，這的確是一劑良藥。他說：「微笑，微笑，不要停止微笑。不管自己的心情如何，只需讓嘴角上揚，然後再看看這樣做了之後，心情是如何，然後寫下來，日子久了，看著這些日子一點點地變化，你就會發現，原來微笑裡面真的是有神奇的力量的。」他讓病人待在病房，要求他們的嘴角要有上揚的弧度，要他們學著微笑，即便這不是病人們真正願意去做的，病人們也會感覺到自己居然就這樣好起來了。

這位醫生說，但若是人們抿著嘴，看上去總是嘴角下沉，即使自己用再堅強的意志力去忍受著悲傷和痛苦，他們終究會流下眼淚的，反過來，他們若是保持微笑，積極的思想勢必會驅趕滿腦子負面的意念。

現在人們身體健康差的一個原因，是我們總是對自己的身體健康度抱著一個很低的期望值。我們從小就深受這種身體羸弱思想的侵襲，對於傷痛、疾病成為生活的一部分，我們已經習以為常了，認為身體的某些疾病是不可避免的。我們從小就覺得，健康的身體是可遇不可求的，所以也不會期望自己會受到眷顧，而我們也似乎必須要接受這一不幸的事實，就是這某種程度上宿命式的想法讓我們無法擺脫。

孩子們從小聽到了太多長輩們關於疾病的對話，時刻小心提防著各種疾病所帶來的危害。當他長大之後，就會認為各種身體不協調的症狀是身體本身的一種自然法則而已，他會覺得，疾病隨時會侵襲，然後奪走自己的幸福與事業。

這些想法是多麼的可怕啊。想像一下，在小孩子成長的歲月中，若沒有聽到那些關於疾病纏身或是要時刻警惕危害之類的話語，聽到的是與此相反積極的話語，那會產生什麼樣的影響呢？若我們在一開始就告訴他，

人的健康是一個永恆不變的事實，所謂疾病只不過是身體機能失調的表現而已！想像一下，若是孩子從小就了解強健的身體和充沛的活力是與生俱來的權利，這會對他的人生觀產生多麼深遠的影響。

要給小孩子樹立這樣一個意識：疾病與痛苦絕不是大自然母親所造，她從沒有想讓人類受罪的念頭，生活應該幸福，而不是淒淒慘慘，讓身體的功能各司其職，而不是紛爭僭越。我們天生就該健康，充滿活力，幸福與快樂，好好享受屬於自己的人生，而不是對生活痛苦流淚。

健康的心靈對幸福快樂是至為重要的，思考的維度決定了生活的高度。我們不能從病態的想法或是緊繃的神經中獲得健康的思考方式，若是我們的能量處於一個低水準的狀態，生活的品質也就隨之下降，享受生活的能力也將萎縮。

越快樂，消耗的能量就越少。因為增添的快樂意味著身心的舒暢。當身體處於最佳狀態時，是不會浪費多少能量的。你浪費的能量越少，活力就越多。你補充的重要能量越多，患病的幾率就越低。當整個身體系統完全處於一種開足馬力的狀態時，疾病將離你遠去。

我們應儘早在心靈剷除一切產生不協調、不健康思緒的根源。每天早上起來時，我們應是朝氣蓬勃，鬥志昂揚的。今天開始扔掉心靈畫廊中所有不協調的畫像，用美好、積極、充滿活力的畫作填充進你的心靈。

德國一位著名醫生曾說：「在人的體內，有某種東西是從來不患病、永不消亡的。」

這種東西是大自然母親駐於人類心中的，在這裡不存在任何紊亂，完全獨立於任何環境，她的影像是絕不會被錯誤與邪惡所扭曲的。在這神聖的一片淨土裡，我們可以永保健康。這是一個無可爭議的事實。

若我們渴求這種圓滿與完美（我們心中的這些東西是永不染病、永生

不滅的），認知到這是具有永久創造力的，那麼，我們心中所有的不滿都會消失。我們將始終堅信這個原則：對真理孜孜以求，這才是真正的生活。然後，我們才能觸摸到自身的能量，才能尋回天生的權利，回到一種永恆和諧的狀態之中。

　　深受神經或心理疾病困擾的人，內心通常是充滿著恐懼的。恐懼感發生的原因，是覺得自己處於一種亞健康的狀態，缺乏創造性，信念在動搖著，感到很無助。當我們重新拾回這種信念，與自然天人合一，與永恆同奏之時，我們堅信自己一定能夠驅趕恐懼感，此時此刻內心就會感到一種圓滿。

第九章
多做白日夢有助於健康

第九章　多做白日夢有助於健康

插上想像的翅膀，讓我們進行一次心靈的旅行，幻化出美麗的風景，去盡情享受。

> 虛名浮華，亂人心眼，
> 皆不能讓純潔的心靈，
> 消融綻放的香氣，萎縮靈魂的充盈。

有一位身殘多年的老婦幾乎從不出門，但她卻說自己在心靈的旅行中捕獲了許多極其美好的時光。每天，她的心靈總是神遊異域，重遊童年熟悉的景致，攀登阿爾卑斯山脈，緩步穿過義大利城市的街道，這些曾經是多麼親切啊！她的想像經常讓自己置身於心愛的地中海上泛舟，然後，在自己索倫托的老家靜坐幾個小時，那是那不勒斯灣上千帆競發，那是維蘇威火山升騰起如蒸汽機車冒出的煙，那是成熟的柳丁、檸檬落在兒童的腳邊⋯⋯這些都讓她感到心曠神怡。在這樣的幾個小時裡，她沉浸於自己的想像之中，全然忘記了疼痛與傷病，忘記了讓她終日待在家裡的傷殘，她只需展開想像之翅，就可隨時神遊世界的任何地方。她說，諸如此類的心靈旅程甚至比親身經歷更有趣，因為在整個旅途中沒有任何煩憂，也無需任何花費。

在心靈的旅程中，她也經常欣賞震撼的戲劇表演，去劇院再看一遍年輕時看過的劇碼，然後美美地回憶一番。她喜歡莎士比亞[24]、布斯[25]、薩爾維尼[26]與莎拉·伯恩哈特[27]等等劇作家和著名的演員。在廣闊的舞臺上，他們總是不言疲倦地為她演出她喜歡的劇碼。在看戲的旺季裡，這位女士

24　莎士比亞（William Shakespeare, 1564-1616），英國文藝復興時期偉大的劇作家、詩人，歐洲文藝復興時期人文主義文學的集大成者。代表作：《奧賽羅》、《哈姆雷特》、《李爾王》、《馬克白》等。

25　布斯（Edwin Booth, 1833-1893），美國演員、因飾演莎士比亞劇作而聞名，布斯劇院的創辦人。

26　薩爾維尼（Tommaso Salvini, 1829-1915），義大利演員。

27　莎拉·伯恩哈特（Sarah Bernhardt, 1844-1923），法國女演員。

經常光臨著一場場充滿魅力的演出，在身體疼痛的時候，她就乘坐心靈的翅膀，深深沉浸於接下來的幾個小時中。當她神遊回來，心靈已經煥然一新，充盈著新的希望與勇氣，去與身體病魔對抗，她說，若是人們稍微知曉將想像圖像化的技巧，然後盡情去享受，那麼，人類將感到更為幸福與快樂。

現在，我們所接受過的培養與教育中，從來沒有強調透過想像去享受的能力，困擾我們的問題，是許多人過度強調感覺能力的局限性。想像可以讓我們從周遭的事情中掙脫出來，在想像的空間中無所不能。在睜眼的一瞬間，我們能以接近光速般的速度去追尋大角星飛翔的腳步，即便我們處於飄雪的北極，在一瞬間，稍動念頭，就可身處滿眼都是棕櫚樹的橙色的樹林之中了。

大多缺乏想像力的人都會碰到這樣一個問題：在他們心中，不存在任何可以寄託的「烏托邦」。他們覺得生活就是棱角分明的，不存在一絲浪漫成分；生活就是單調的受罪，世上沒有一個完美的地方。其實，在屬於自己心裡的那個美麗世界，任何人都是那麼善良，事情都是那麼如意，我們隨時可以退回自己的「烏托邦」裡休息一下。這種想法本身就是一種巨大的心理慰藉，讓人的心靈獲得極大的昇華。在那個理想之地裡，一切美妙的事物都會呈現，沒有紛爭，沒有煩憂，心靈在那裡可以酣睡。

我認識幾個人，整天都被一成不變的環境所包圍，忙碌於工作，根本沒有時間從自己工作的地方或是從工作中逃離一會兒。雖然，他們處於這樣一種讓人都會覺得壓抑的環境中，足以讓許多人提不起精神了，但卻總能處於一種平靜心態，充滿著活力與向上的狀態，因為透過心靈的神遊來獲得心靈的愉悅，這就是一門快樂的藝術。當我問他們原因時，他們說：「無論眼前遇到多麼艱難的情形，工作是多麼的繁雜，境況是多麼的讓人

沮喪，一旦獲得休息的時間，他們就將自己從眼前的一切抽離出來，進入一種和諧與安定的心理狀態，這是任何物質上東西都無法改變與破壞的。在神遊之中，他們穿越海洋，到達他們曾經去過的地方。他們已然培養了自己強大的想像力，能在心靈中創造一個新的地方，一個新的世界，人們在那裡居住，他們能看到在海上與陸地從來沒見過的壯景，耳畔傳來的曲調與協奏之音是那麼的親切動人，許多疲憊之人都能透過這種心靈旅程，掌握這讓自己心靈得到休息的藝術。在現實中，他們可能得不到一個長假去鄉村逛一下，但卻可在心靈中進行多次遠遊，回到當年的老屋、農場，靜靜地回憶自己童年走過的時光。在想像的世界裡，他們遊山玩水，或捕魚於小溪，或攀登於險峰，或探祕於幽林，或放歌於青青河畔，他們徐徐前行，沒有任何能阻擋他們。

對正在遭受枯燥無味的單調生活的人們而言，這是大自然給人類的一種多麼神奇的補償啊！想像讓我們插上了一雙翅膀，載著我們展翅高飛，飛向那妙不可言的樂趣之中。

很少人真正感受到，想像力所給我們帶來的巨大財富。憑著想像，我們可以隨心所欲地從惱人與無奈的環境中逃離出來，從讓人沮喪與反感的事情中掙脫出來，我們遠離憂鬱，進入一個充滿歡樂的天堂，一個充滿和諧，充滿真理的理想國度。

擁有這種能力能給困頓的人們帶來極大的精神享受。這可讓囚徒的心飛出鐵窗，重返故鄉，身處朋友間，到一個沒人打擾的地方。據說，不少犯人在長達數小時的神遊中，全然不覺自己正身陷囹圄之中，那些在獄中奮筆疾書的人，要麼是在敘述歷史，要麼是在講述人生，長達數月裡，他們都不會感覺到所受的限制，冰冷的鐵窗無法桎梏心靈的展翅。當班揚[28]

28　約翰‧班揚（John Bunyan, 1628-1688），英國英格蘭基督教作家、佈道家，其著作《天路歷程》

身陷囹圄，他腦海裡是神遊的美好世界，而很多自由之身的人，反而難有他們這般的心靈體驗。

憑著想像，自然為傷殘與幽閉之人提供了一種神奇的慰藉。書籍同樣讓整天被迫待在家中的人們的心靈飛出高牆，環遊世界。

有些人看上去永不疲倦，心靈總是充滿著活力與動感，總是充滿旺盛的創造力，因為他們有這種指引自己思維的能力，用美好的心理景象來讓自己獲得休息。

成就偉業之人，其驚人的工作量讓人頗感吃驚。他們成功的祕訣在於，時常去做一趟心靈的旅程，他們自覺地關閉憂愁進入心靈的大門，他們回味過往美好的時光，品味曾經讓自己倍感幸福的場景，在這樣的想像之中昇華自己。

若是從中懂得這個祕訣，不久一顆乾涸的心靈將充盈甘霖。

我們應該讓孩子們明瞭，快樂的泉源是無盡的，聲色犬馬所帶來的感官刺激與智趣上所獲得的更為宏大與高級的樂趣是不可相提並論的。感官上的滿足與智趣上樂趣之間的差別，就好比滿足最低等的生理需求與最高級的情趣之間的鴻溝。在歷史上，有不少失去自由的犯人比一些國王活得更為快樂，因為他們的心靈不受束縛。

不論境遇是怎樣的糟，不論以前做過怎樣多的錯誤決定，不論厄運是怎樣的擋道，我們都可展開想像之翅，飛向遠方，讓自己獲得平和，獲得休息。只專注於現實中的我們，就像一隻被困在籠子裡的老鷹，被孩子們在戲弄、玩耍與折磨，若是能飛出樊籠，在一瞬間，就可刺向蒼穹，重獲自由。

造物者賜予能量，讓我們可隨意地從尷尬、羞辱與煩心的事中逃脫出來，飛馳而去。在一瞬間就可去往某個理想的境界，獲得一種在塵世中永

地位僅次於《聖經》。

難尋覓的愉悅。這不是任何人所能獨享的。

　　拉斯金[29]曾說過，對人類遭受的苦難或是失去什麼並不感到很意外，因為這一切反而可以帶來無盡的樂趣與滿足。我們經常會聽到有關自然資源 —— 煤炭、水源或是森林資源的巨大消耗，但相比於失去幸福感這一重要的資源，不值一提。

　　許多人未能從日常平凡的生活中汲取少許的幸福，其中很大的原因是他們從沒想過要從生活中汲取這些東西，除了謹記要始終踏上那條老路所留下的痕跡之外，他們的心靈一片空白。

29　　約翰·拉斯金（John Ruskin, 1819-1900），英國著名作家、美術評論家、藝術贊助家、製圖師、水彩畫家、思想家和慈善家。代表作：《現代畫家》系列、《建築的七盞明燈》、《時間與潮流》等。

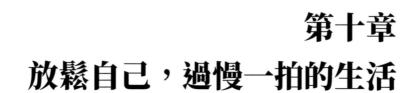

第十章
放鬆自己，過慢一拍的生活

第十章　放鬆自己，過慢一拍的生活

審視自己有多久沒有發自肺腑地大笑過？我們不應該整天把自己置於忙碌和緊張的狀態中，更不應該覺得享受生活是在浪費時間。

暢想幸福吧，世界已然太多悲傷。
崎嶇之路不可能總是橫亙眼前，
找尋那條康莊與明晰的大道。

—— 艾拉・惠勒・威爾考克斯[30]

某位來到紐約的法國女士說：「我看到這裡的很多人，好像都在自找煩惱，而實際上他們卻有很多好的選擇。」

「美國人民吃得最香，穿得最潮，住得最舒適，但他們卻是最焦慮的，似乎要把所有厄運災難都攬入懷中。」愛默生曾說過：「我很想知道，是否憂慮與疑惑真的這麼明顯地刻在其他人民的額頭上，老年的跡象真的能在幼時就顯露出來嗎？」美國人是如此地揮霍著生命，總是無時無刻地在緊張與焦慮中去追尋一切，每個人匆匆的腳步好像是極為害怕遲到某個極為重要的約會，匆急與焦慮已然為這個國家臉譜上刻了一道深刻的皺紋。

我要說的是，美國人過度地與生活較勁了，生活的樂趣被壓榨的所剩無幾。歐洲大陸的人們看到美國人是如此嚴肅，滿臉都寫著憂慮、嚴肅，人人都好似一臺過度運轉機器，由於缺乏潤滑油而吱吱作響。

若一個人能正常地生活，就不會像我們這樣，整天都被一副煩憂所籠罩，好像覺得員警或偵探在背後時刻跟蹤著。我們不應每時每刻都處於憂慮之中，不應在度假時心情憂鬱，不應讓周圍的人覺得我們是如此愁苦，好像世界的好壞都取決於自己工作的成敗。

在一週中，我們至少要有一天的時間去誠心讚美造物者，讚美他創造

30　艾拉・惠勒・威爾考克斯（Ella Wheeler Wilcox, 1850-1919），美國作家與詩人。

出世間美麗花朵與蹁躚的蝴蝶，讓自己感受各種生物在各個時序中的精彩。一週休息時間的重點本應在「淨心」提升自己的心靈之上，但往往這種心靈的洗禮卻時常被局限在一個極小的範圍內，讓人倍感沮喪與壓抑。

　　不久前，我看到一位年輕牧師在佈道時緊繃著一張臉，嚴肅得讓人感到非常沮喪，這種佈道方式也讓教堂中的每位禮拜者都倍感憂鬱與壓抑。這種佈道絕不是提升之道，實在不存在一絲心靈上的鼓舞，難以激起人們原先那沉悶的心智，當人們走出教堂時，滿臉陰鬱，並沒有更具勇氣，更不可能努力去做一些更有意義的事情。牧師壓抑的講道形式沒有讓人們感到任何振奮，他的臉是扳著的，對聽者而言，這不啻是一種折磨，這位年輕的牧師是原先年老牧師的替代者，他說自己在很長時間裡都沒能獲得牧師的頭銜，對此，我並不感到半點驚訝。

　　很明顯，這位牧師過著一種嚴肅、古板的生活，但這是不正常的。無疑，他本人是誠實的，在克制自身野蠻因數或是在精神層面上的昇華上作了不懈努力，但他卻沒有以一種正常的方式去做。在真正的宗教世界裡，是不會有任何悲傷、沉鬱的成分，宗教應帶給人一種樂觀與希望的感覺，感到心靈得到昇華，獲得鼓舞，而非倍感壓抑。

　　若是全世界的教堂都能消除一切悲觀、沮喪，消除讓人傷心、恐懼的成分，哪怕只是消除了一丁點悲觀的情愫，這是多少人的福音啊。難道要讓人們走進教堂時，心中隱隱然懷著某種憂鬱的心情，總聯想大片事物的陰暗面嗎？即使這可算是某種「善良之罪」（positive sin），但人們肩頭上的重壓已經夠沉了，再也不想在心靈中重新嵌入黑暗或是陰沉的畫面，他們到教堂想要尋求鼓舞、提升，想要擺脫自身幸福與發展的敵人。現在，許許多多的人仍遠離著教堂，但若是他們能從中感到一種積極向上的氛圍，增添希望的感覺，是不會如此排斥的。

第十章　放鬆自己，過慢一拍的生活

許多人希望對人性，對上帝的信念能不斷增強。去教堂禮拜的人們帶著一張張充滿信念的昂揚的臉孔，他們心裡是這樣想的：「若這些牧師就是他所宣導宗教的代表，若是他終其一生都在履行如此光榮的任務，那麼我來對地方了。」這無疑會給人們帶來振奮與積極的作用，但是讓人失望的是，我們本能地感覺到：牧師並沒有讓我們心中充滿著希望，也不能讓我們堅定信念，更不會讓我們更為努力地為正義去奮鬥，這樣的牧師在曲解上帝所發出的召喚。

「遠離整天對著生活咆哮的人吧。」比徹說，「當穿越一片綠樹成蔭的小鳥天堂之時，還無法讓自己盡情開懷或是綻放笑容的人們，你們應該仔細審視一下自己了。你們應該讓自己的心靈接受洗禮，然後默默地祈禱，直到臉上掠過一絲陽光。」

到底人們為什麼要扳著臉孔，過度嚴肅地看待生活呢？娛樂不僅有助於提升健康，也會神奇地提升你的工作效率。

愉快的消遣對於人的能力有著某種微妙的影響，這讓我們更能鼓起勇氣、樹立信心，人生觀念都為之改觀。在幽默與樂趣之中，往往會流淌出一種微妙的「液體」，這種「液體」能夠穿透人心，讓所有的心靈器官受到洗滌，洗盡大腦因過度活動以及肌肉收縮而殘留的「碎片」。這樣的過程裡，我們感受到了奇妙的轉變，一種煥然一新的感覺，一種重生的感覺，這讓人心靈向善，讓人歡樂充實。

先不談這種消遣對人生的健康與幸福的益處，單從生意的角度而言，在玩耍時所耗費的時間其實都是完全值得的，這也是我們所能採取的最為精明、最為划算的一個策略了。

一些人過度沉迷於工作，但同時他也很關注自己身體健康，還總是想以過度的娛樂活動來彌補。這些人其實就像一個工人，總是忙於磨礪手中

的工具，很多時候做的不僅僅是無用功，還可能自我傷害。

　　也許，我們永遠也賺不了大錢，但無論你是一個聲名赫赫的大律師，或是默默無聞的小律師、大商人或是攤商，都可以培養自己享受生活樂趣的能力，只有這樣，你才有可能比有錢有勢的人享受更多的人生樂趣。

　　在平淡如水的生活中，活出每天的精彩，這才是我們人生唯一有保證的，我們可要切記珍惜自己享受人生快樂的時間。

　　現在，有很多人開始意識到，我們的確是太嚴苛地對待生活了。在生活當中，沒有足夠的娛樂與消遣，我們所獲的樂趣是遠遠不夠的，許多企業家也看到了，一天當中長時間的工作所帶來的弊端。以前，他們覺得自己必須要花上很多時間在工作之中，緊張的工作已經成為了他們所信奉的信條，但現在，他們也逐漸意識到，真正重要的是效率、敏銳的心理活動，是身體機能的煥發，而非是一昧長時間的工作。當身體機能疲乏、大腦困頓之際，還想著人們能集中精力地工作，無疑是痴人說夢，心理機能的素質對身體有著重要影響，所以工作時間在逐漸地縮短，遊戲時間在增多，這樣他們的工作效率與品質才能成正比。

　　在這個國家裡，許多大型企業的老闆們，雖然每天的工作量是巨大的，但待在辦公室的時間卻是很短暫的，反倒是常常去度假。他們覺得，捨得花時間認識世界，去玩耍將有益於健康，同時也有助於提升人的工作效率。與此同時，這樣的放鬆也給他們提供了一個更為寬廣與理性的視野。

　　有些人認為，相比於那些工作強度弱、工作時間短，但精力更好、效率更高的人而言，如果我們能工作的時間更長，讓自己的身心都處於一種緊繃的狀態的話，就會取得更高的成就，這種想法實在是一個天大的認知迷思。

第十章　放鬆自己，過慢一拍的生活

在心靈因神經過度的緊繃而感到疲乏，在沒有足夠的娛樂讓其恢復應有的彈性之時，還要想高效、專心地工作，這是不太可能的。許多美國人認為，偉大的成就取決於不懈與持久的堅持，還有不間斷的艱苦，他們認為工作量越多，取得成績就會越大。事實上，人生中所取得的成就，取決於自身的工作效率、有效性，而不是工作時間的長度。

許多人原本是有能力去成就一番大事業的，但卻只能做一些很低層次的工作，其實原因很簡單：他們長時間裡都處於一種身體勞累與精神不佳的狀態。我們到處可以看到低效與繁冗的工作，這是因為沒有讓自己時刻保持在一種旺盛與健康的狀態，休息的時間不夠，在戶外也沒有獲得足夠的運動，這樣心靈無法休息，肌肉也沒有任何鍛鍊的。壞就壞在他們將生活看得太嚴肅、太死板了。

當你盡興之後，工作起來也是特別有活力的。當你開始一天工作的時候，感到精神充沛，覺得一天都是充滿希望的，在你完成一天工作的時候，內心洋溢著幸福感，快樂蕩漾在全身。而許多雇主則是讓員工長時間處於高強度的工作狀態之中，讓他們失去了對工作的耐心、熱情以及新鮮感。

我們如此嚴肅看待生活的觀念出自何處呢？為什麼人就該成為一份只能養家糊口工作的奴隸呢？我們本應隨遇而安，好好地享受生活，在每天的生活中活得開心，然而我們在多數時間都成為工作奴隸，只能偶爾享受假期的歡樂，這是大錯特錯的，每一天都應該是假期，是充滿樂趣的一天。當然，這背後需要我們明曉正確的生活思想以及理解生活藝術的真諦。

有一種觀點認為我們應該犧牲生活的果實去換取五斗米，這樣的觀點必然是錯誤的，世上有某些東西比賺錢更重要 —— 健康、家庭、朋友，這些都比金錢本身重要百倍，千倍。

上天賜予我們生命，是讓我們堅持信念，不懈地尋找屬於自身的幸福，並不是為了賺錢而進行長時間、艱辛與痛苦的無聊過程，生活的索取本應只是為了更快地成長，讓心靈的階梯不斷地得到拓展與昇華。

辦法很簡單，人們只需將身上的重擔卸下來，就可從工作中獲得樂趣，不僅能讓自己活得更加開心，也能取得更高的成就，許多人之所以失敗，就是因為他們對任何事情都過於認真，乖張與冷漠讓別人感到難以接近，最終自己也落得一個孤家寡人的地步，而陽光與樂觀的性情則會不斷地吸引朋友與招來顧客。其實，過於認真的人對別人發出這樣的信號「離我遠點，生活太重要了，我沒有時間浪費在這些瑣事上」。這些人冷漠、無趣，因為生活當中沒有足夠的娛樂讓他們得到潤滑，他們變得硬性與僵化。

有人曾跟我說：英國人實際上害怕享受生活，他們花錢明明玩得相當開心，過了一會卻自我感覺並不良好，他們覺得自己應該去做一些更為嚴肅與認真的事情，把寶貴的時間以及辛苦賺來的錢花在一些瑣碎的事上。他們普遍相信卡萊爾[31]那套哲學，認為自己的快樂實際上與自己毫無關係，人生於這個世上，就該嚴肅認真地對待，這是不容置辯的。

儘管這段話對英國人的性格判斷上存在一定的偏頗，但有一點卻是真實的，即英國人的心理傾向。他們難以真正去全身心地享受一個假期或是讓自己好好休息一下，因為他們認為這些都是瑣碎無益的，覺得自己應去做一些更有意義的事情，應該去做一些「大師級別」的事情。

在我看來，要想做一些所謂的「大師級別」的事情，通常意味著要有足夠的娛樂 —— 一種健康與催人振奮的娛樂，意味著享受真正的樂趣，讓自己處於一種健康、正常與高效的狀態。

31　湯瑪斯・卡萊爾（Thomas Carlyle, 1795-1881），英國評論家、諷刺作家、歷史學家。他的作品在維多利亞時代甚具影響力。代表作：《法國革命》、《論英雄、英雄崇拜和歷史上的英雄業績》、《過去與現在》等。

第十章　放鬆自己，過慢一拍的生活

這就像有人說的：「柔軟的沙發是緊張生活所必不可少的一部分。」

任何正常人都不可能在缺乏娛樂或消遣的前提下，保持身心的和諧。

哪怕是一個小時的娛樂，就足以讓一顆乾涸的心靈復活，這是多麼神奇的事啊！

在一天緊張工作之後，拖著疲憊的腳步回家，在與家人或是朋友的閒聊中，很多人都曾感受到這種無以名狀的救贖感，感受到心靈極大的提升，這種重生感是那麼的讓人歡欣。

許多人給我這樣一種印象，那把讓人覺得痛苦的達摩克利斯之劍[32]，懸在半空，在那裡搖搖擺擺，隨時都有可能將歡樂與幸福刺破。所以，他們總是在享受著打折扣的快樂。他們總是讓你覺得，即便是在觀看美景的時候，眼前彷彿也會不經意掠過魔鬼的身影。

「快樂是我們真正的責任所在。」梅麗曼[33]說。「違反這一責任的人應受到囚禁的懲罰。任何人都沒有權利整天帶著一副愁眉苦臉，淚眼婆娑，憂心忡忡的樣子出現在別人面前。他有什麼權利去將這種憂鬱、壓抑乃至自憐自艾等病傳染給別人呢？一個人可能天生面目猙獰、鼠目獐頭，但是他不需要對著別人大聲廣播自己的不幸。他不應該將這些東西說給那些不願意聽的人，讓這些被動的『受害者』覺得自己好像有十分的責任去看望那些可憐之人。」

振作起來，保持微笑，不要抱怨，不要牢騷，不要嗚咽，不要猶豫，對自己說你感覺良好，身體健壯，身心洋溢著朝氣 —— 現在正處於自己人生最美好的時期了。大聲地笑出來，發自肺腑地笑出來吧，不要擔心會笑得打嗝，不用擔心血管會因為大笑而破裂，活出真我的風采，你絕不只

32　達摩克利斯之劍（Damocletian Sword），典故出自古希臘一個歷史故事。現在，「達摩克利斯之劍」借比安逸祥和背後所存在的殺機和危險。

33　梅麗曼（John Merryman, 1824-1881）美國內戰時期軍事指揮家，政治家。

是灰塵堆上不起眼的一丁點塵埃。不要再說那些牢騷話語了，不要在社交場合上躲躲閃閃了。撒播陽光，大把大把地撒播，不要害怕會耗盡。我們要源地不斷的散發陽光，別人是不會拒絕的，他們會愉悅地接受你所給予的。

「煩憂是蓋上棺材的一顆釘子，這是無疑的。

那笑一下，就恰似拔出這顆釘子。」

擁有一種樂天的性情，面對厄運要泰然自若，即使在災難降臨時也要保持嘴角的微笑，兵來將擋，水來土掩，這種生活態度是一份天賜的禮物。命運本身屈從於樂觀的人，用笑聲驅趕煩惱，擁有笑容比所羅門占有的金礦更為富有，任何人都可以依憑勇氣與情操讓心靈朝向陽光，這難道不是人類幸運的事情嗎？

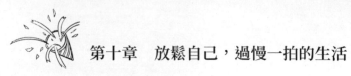

第十章　放鬆自己，過慢一拍的生活

第十一章
培育幸福之花

第十一章　培育幸福之花

影響幸福的七宗罪：喜歡比較、信念搖擺不定、忽略身邊美好的事物、只想收穫不願付出、不容易知足、缺乏信任、容易焦慮。

所謂玫瑰，亦不過是精心培養的洋白菜而已。

我認識一位曾做過腫瘤切除手術的女士，她覺得人生的一切好像從那時就起發生了翻天覆地的變化。她自己也無法說出一些具體的原因，但總是覺得那次手術留下了一些後遺症，這恰恰成為了她在日後生活中犯錯所找的一個藉口。

就像這位女士一樣，不知有多少人壓根不想去驅趕煩惱！他們長期與煩惱同居一室，以至成為其同伴。他們似乎很享受這種病態的樂趣，正如一些病人喜歡沉浸在自身病症與痛苦之中。

很少人意識到，其實，幸福也是可以培養的。多數人可能認為，享受生活的能力是先天遺傳的，很難去改變自身反復無常的心態或是悲觀的性情。

生活中最難為人們所深刻理解的一個真相，即我們是自己思想的產物。我們的人生境遇、教育背景與思維習慣比遺傳本身更為重要。聖‧保羅[34]對其門徒意味深長地說：「更新思想，改變自己」，可謂是真知灼見啊！

大腦可以不斷更新，以適應不斷變化的需求，根據具體的狀況有所改變，產生、塑造出新的思維，在這基礎上，新的動機也會形成。每個人都有過這樣的體驗。

大腦具有靈活的適應性，這可從人們能夠從事不同職業得到證明。要知道，每個職業都有不同的要求，都需要一些專門的機能以及性格的要求。

34　聖‧保羅（St Paul，西元前 4- 西元 64），是基督教教徒中最重要的先驅。

在遠古社會，人類的大腦還是處於原始的狀態，人類最基本的需求：自我防衛與獲取賴以生存的食物占據了大腦的意識。隨著人類文明的進步，逐漸地大腦變得更高級，更為多樣的需求也出現了，發展到今日，大腦已進化得極為複雜了。人類文明發展過程中每一個新需求，都是需要大腦去滿足，而人類的大腦在數千年以來，已經不斷回應了這些需求，直到現在，乃至未來。

許多人認為，大腦是難以適應任何重大變化的，而且應對起變化的時候也是極為有限的，畢竟大腦的結構已經牢牢地被先天遺傳所困住，但是歷史上有很多人卻是可以完全顛覆之前大腦的想法。在人出生的時候，思想功能都是極為脆弱的，那時只是缺乏足夠的鍛鍊，但現在已經磨礪得足夠強韌。以勇氣為例，許多現在的成功人士之前都是缺乏成功特質的，但透過智力上的鍛鍊，可以增強勇氣，還可憑藉對自信的培養，讓心靈謹記勇氣與英勇行為的重要。就是這樣，他們得以在通向成功的道路上披荊斬棘！

世上茫茫的庸碌之人，倘若他們內心沉睡的潛能被喚醒，能力可得到全面的提升，科學的用腦讓心靈得到延伸。其實人人都可成為心靈的巨人。

很奇怪的一點，是很多人覺得有必要花上很多年去為事業、幸福奮鬥，為幸福做鋪墊，彷彿這比任何事情都還重要。其實，這個過程應該是一個順其自然的發展過程，不應存在什麼刻意之感。生命中還有很多事情也是值得去追尋的，更需要我們去為之努力。

培養自己享受幸福的藝術，從日常平凡的生活經歷中獲取樂趣，這是極為重要的。

養成幸福快樂的習慣與工作習慣一樣，對我們是極為有利的。這甚至

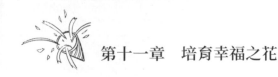
與誠信為人一樣重要。

　　要是人們學會習慣性地對襲來的陰影背過身來，臉朝陽光，不論是萬丈陽光還是一抹夕陽，那都是如此的美好啊。

　　很多不快樂的人都是因為養成了不快樂的習慣才造成的。喜歡抱怨、批評的習慣，無事找查或是對瑣事悶悶不樂，習慣性地盯著陰影，這些都是最可悲的習性，特別是在人生的早年中，因為過不了多久，他就會成為這些習慣的奴隸，所有身心的衝動都被扭曲，直到逐漸向悲觀、憤世嫉俗邁進。

　　最高級的成功，源於養成看到事情積極的一面。無論屬於你的人生召喚是什麼，不論厄運或是困難如何擋道，下定決心，走下去，這樣每天都能獲得極可能多的生活樂趣。從日常的閱歷中看到積極的一面，勇敢地讓自己看到其中的樂觀與幽默，你將提升自己享受生活的能力。無論環境多麼惡劣或是讓人沮喪，若是我們願意，還是可以選擇昂揚與樂觀的方面，這種在任何情形下自我找樂的能力，對於在人生剛剛起步階段的年輕男女而言，都是極需的。堅定你的信念，讓自己成為一個樂觀主義者，那麼悲觀也只能無可奈何地遁去，心靈的陽光將溢滿你的心頭。

　　快樂與歡笑中有一種神奇的藥效，一個好消息或是高興的事甚至對那些身殘之人同樣有著神奇的作用。

　　我們時常可以看到，整個工廠、辦公室乃至家庭都因一顆陽光的心靈而發生改變，為之煥然一新。

　　樂生活，生活者永樂！想像一下，如果到處可以遇到別人的笑臉，那該是多麼愉悅的一件事啊！笑臉洋溢著希望、陽光與歡樂，當你看到茫茫人海不是熙熙攘攘，而是活生生的畫廊，每個人都在傳遞快樂的色彩時，樂觀與勇氣自然充滿你的全身。

在波士頓的一處公家機關裡，有一條規矩就是要讓人微笑。作為充盈生活的一個勝利標誌，世上還有什麼比向生活注入陽光與樂觀更為美好的呢？

看到大城市裡許多年輕的臉孔佈滿了憂鬱的神色，本因陽光的年輕人，竟然被悲傷、嚴肅所壓抑，這真是讓人倍感遺憾啊！為什麼一個年華正茂的生命要被煩憂與憂愁所壓倒呢？是什麼讓他們早生白髮呢？滿臉刻著憂愁的皺紋，歲月痕跡的車轍，彷彿感嘆著歲月的無奈。

倘若正常地生活，過著自在的生活，就可以把一顆年輕的心帶入老年，那麼在年輕的臉蛋上，就不會出現諸如銀髮與未老先衰等現象了。

拉斯金說：「樂觀的思想對一個身健體壯的人是極為自然的。正如臉頰會不自覺地變紅一樣。哪裡有習慣性的憂鬱存在，哪裡必定有渾濁的空氣以及不乾淨的食物，還會有超過正常限度的工作或是生活中種種引發錯誤的習性。」

弗洛倫斯·M·金斯利[35] 說：「我決定從今以後，不再讓煩憂與壓抑占據自己的心靈空間了。」正如他的決心，我們可以鍛鍊意志力，讓其專注於事物陽光的一面，專注於提升我們靈魂深處的東西，我們可以培養一種讓生活充盈著幸福與快樂的習慣，從自身所經歷的事情中汲取經驗，關注事情積極的一面，如此下去，幸福的陽光必會緩緩照進我們。

幸福應被視為一種「人人為我，我為人人」的責任，我們要肩負起這個責任。幸福是一種過程，也是一個美好的結果，沒有良好的心態、積極的行為，幸福也就蕩然無存。

不知還要過多久，人們才會意識到，對神經的刺激，單純地滿足肉欲或是沉浸於各種過度的消沉，都只能帶來讓人覺得慘然與失望的感覺，此時此刻，我們的尊嚴也在無聲地滴著血。驀然回首，我們才發現：真正的

35　弗洛倫斯·M·金斯利（Florence Morse Kingsley, 1859-1937），美國小說家。代表作：《最後他們結婚了》、《受傷的朋友》、《最高的出價人》等。

第十一章　培育幸福之花

幸福感源於誠實善良、公正為人以及樂於助人。

　　某位有才華的作家曾說：「就幸福本身的性質而言，它是一個巨大的矛盾體，它可以在任何土壤、任何氣候中生長，這實際上是源於內心，而獨立於環境之外。」這句話顯露出內心生活的深度，正如太陽無私地賜予眾生甘霖般普降的陽光和熱量，幸福不存在於占有，而是存在於奉獻；不在於擁有，而在於分享，幸福是心靈在自身處於和諧之時所散發出溫馨的暖流。一位烈士在慷慨就義前視死如歸的幸福感可能是坐在皇位上的國王所嫉妒的。人是自己幸福的創造者，高尚理想領銜下的生活，散發出陣陣芳香。一個人所有的，可能要依靠別人，但本人想要什麼，只能從自身去找尋。從人生中所獲得的，不過是暫時的擁有，他所能抓住的，是成長。幸福是心靈在擁有無形東西時所感受到的樂趣。

　　「幸福快樂，其實真的沒有想像中那樣難以企及。」

　　每個人都有責任去培養快樂、健康的性情，就讓自己有一雙充滿善意的眼睛，向別人散發出善意的資訊。這不僅照亮別人的生活，善意行為的連鎖反應也有助於昇華我們的品格，培養正直的品格，獲得心靈的平衡，擁有內心的靜謐，這些都是我們所知的最寶貴的財富。

　　「笑一下吧。當你口口聲聲都是在埋怨，哀嘆自己的人生充滿了悲傷、失望與痛苦的時候，笑一個吧。不要整天想著犯的錯，心裡好似黑色的陰翳橫掃大地一樣。想想，去日苦多啊！來日未卜啊！但是，讓我們心值得澎湃的是，整個宇宙都洋溢著歡樂的歌聲。」某位勵志作家如是說。

　　慶倖自己看到了春日的美景、湛藍的天空、日落的壯美，聽到了鳥兒的啁啾，還有那稚兒們爽朗無邪的笑聲，那千家萬戶溫馨家庭的燈火溫暖著我的心房。篤信在世界的某處，總有偉大的愛神讓這一切成為可能。面對這美好的世界，我有什麼理由不樂意向別人伸出友誼之手呢？周圍高尚

的人，雖然他們也極為平凡，但是，他們為人無私、勇敢與真誠。他們懷揣著人類善良的本性，急人所急，默默地為弱者、無助者提供一面遮風擋雨的牆。深信一點，耶穌基督是不會走進一顆幼稚之人的心靈的。「喔，趕走陰鬱與悲傷吧，不要抱怨了。做好自己，堅定信念，幸福地生活。」

其實，人生最大的成功，就是在年輕的時候培養一種「希望最好，不想最壞」的心理習慣。人生於世上，絕不就只是一個貧窮與可悲的生物，被幸福的敵人團團圍住，只能過一種「被生活」的生活。相反，我們生來就該是快樂的，不被那些惱人的憂愁、不祥的預感所困擾。我們絕不該去憂慮或是為之陰鬱，取而代之的是樂觀與積極的性格。

不要去閱讀、去看到那些讓你心靈感到不和諧或是擾亂你心靈寧靜的東西。

「儘早去發現自己最適合做什麼，全力去做，不論你將遇到什麼困難，都要有著成功的期待。」艾拉・惠勒・威爾考克斯說。「培養一種哲學的思維方式。若你所擁有的不是自己喜歡的。那麼，在改變環境之前，試著喜歡它吧！」他還說：「切莫讓生命的活力浪費在無止境的悔恨中。找些值得喜歡與值得享受的東西。一步一個腳印，實現心中所想。對事樂觀，天天向上。因為，大腦的活動實際上就是一種習慣。若你已讓大腦習慣了長久處於悲慘之中，要你開心，很難的。」

絕不能讓不協調或是陰鬱的畫面進入心靈，這比引狼入室更為嚴重。我們應時刻謹記，這種思想比梁上君子厲害多了，它偷走了我們最珍貴的幸福感、舒適感與知足感，這些陰鬱的敵人，讓人反感的不速之客，將傷疤與汙垢留在原先美麗純潔的心房裡。當它們一旦進入，就很難驅趕了。只有在我們知道如何排斥它們的奧祕之後，這項清理工作才變得相對容易一些。

第十一章　培育幸福之花

　　我們要認清一點：這些敵人是沒有權利入侵我們的意識的，要把它們視為侵略者，立即將之驅趕，不要讓其在心靈上描繪書寫黑暗的畫像。

　　多數的悲傷與苦楚，可不是什麼金子般的刻骨銘心體驗，在真正的考驗之下，都難以稱得上是真正的悲痛，任何人都沒有權利沉浸於憂鬱之中，世上沒有比無故流淚更罪惡的浪費了。當我們感到不開心的時候，應該像對自己的無知感到羞恥一樣。我們不能輕易地向生活屈服，而是應信心百倍地戰勝它，走出陰霾。

　　無論你做什麼，遭遇如何，為了自己，為了身邊的人，我們都應養成快樂的性格。快樂意味著和諧，和諧意味著身體機能的健康，意味著高效。當一切處於正常的狀態下，機能就會處於最佳的狀態，因此讓自己開心幸福是個人最經濟與實惠的投資，這保證了大腦與身體的最佳產出。

　　許多天資聰穎的人後來之所以變得遲鈍，究其原因，是不知道諸如恐懼、擔憂、自私、仇恨與嫉妒等等生命樂章的雜音，皆為健康與幸福的殺手。它們拖垮我們的效率，在幾分鐘衝動裡耗費了原本該用於整天的精力與心理能量。

　　你是否想過有幸福與快樂這劑良藥的神奇功效呢？幸福感能治癒疾病，因為所有的疾病皆源於不協調。幸福感就代表著一種真與美的和諧。

　　相信不久後，所有的醫生就會將幸福視為一劑最具功效的藥。我們也將意識到，如何在最惡劣的情況下，透過消除內心的一些阻礙，讓自己快樂起來。

　　馬西隆說：「健康與良好的幽默感之於人體的作用，就如陽光之於植物。」

　　習慣於悲傷與沉鬱的人之所以難以改變，因為類似的想法早已占據他們的心靈。換一個截然不同的角度來看，就會獲得不一樣的結果。心靈所

處的狀態在很大程度上是一種心理習慣，其實並非那麼難以去改變。

邁諾特·賈德森·薩維奇[36]說：「從歷史的經驗可知，所謂幸福只是有序生活所奏出的音樂。當你違反身體規律的時候，你就削弱了自己獲取幸福的能力了。正如每次當你透支身體的器官功能時，你也就難以奏出生命的的青春之歌了。」

馬格萊特·斯多威說：「若你想到了幸福的事情，你就該經常去想想。幸福也可以成為一種習慣，這會讓你受益良多的。我們可養成總是看到事情積極的一面的習慣。我們都可以鍛鍊意志力，讓思想專注於能獲取幸福與自我提升的東西上，而不是適得其反。」

倘若總想著讓自己開心與樂觀，無論自身的感覺是否這樣，這種努力將逐漸滲透到全身，直到養成這個習慣為止。幸福永遠不會如潮水般湧來，但我們可從日常生活中累積點滴的快樂，這樣就自然可以養成珍惜幸福的習慣了。

彗星一閃，千年一遇。陽光的普照才是每天的福音。有人說：「若是一棵植物乾等著彗星的出現才綻放，這未免也太傻了。」喜從天降那種巨大喜悅出現的機率還是很低的，但在現實生活中，還是有很多細小的歡樂在流淌，享受每個小小的歡樂吧！我們不妨好好享受清晨送來的郵件傳來的友好資訊，工作疲倦了伸個懶腰時也不妨慶倖自己還可以在舒適的房間裡工作，下了班說不定還可以在晚餐時認識友好的同伴，對了，可別忘了有機會的話向隔壁辦公室那個生病的女孩說幾句激勵的話語。幸福的一天就這麼簡單，沒有什麼神祕可言。關於幸福，這並不是如許多人想的那樣，只是一種機緣巧合的東西，相反，這是世上最實際的東西。能從日常生活中汲取感恩的人，實際上就已掌握了這個最重要的祕密。

---

36 邁諾特·賈德森·薩維奇（Minot Judson Savage, 1841-1918），美國唯一神論者，作家、超心理學研究者。代表作：《進化的倫理》、《超越死亡》等。

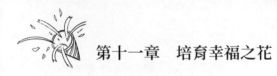 第十一章　培育幸福之花

第十二章
友誼是我們生活中的 OK 繃

第十二章　友誼是我們生活中的 OK 繃

「真正的朋友，在你獲得成功時，為你高興；在你遇到不幸或者悲傷時，給你及時的支持和鼓勵；在你有缺點可能犯錯誤時，給你正確的批評和幫助。」

── 高爾基

我們唯一的財富 ── 友誼，
是最後的避風港與儲存的力量，
讓我們抵禦多舛的時命與世俗。

「若是地獄中有朋友，我也願意下；若我隻身一人在天堂，而朋友們則在漆黑一片的外面，我也不願意待在天堂。」 邁諾特‧賈德森‧薩維奇在作一篇關於「朋友的陪伴」演講時如是說。

親密的友情顯示了我們心中那一份深藏的祕密。

世上還有什麼比無私、忠誠的友情更為神聖的嗎？還有什麼比真摯的友情更富於價值，但所需培養與維繫的花費相比起來又是那麼的小呢？世上還有什麼是如此的珍貴，但卻又被人們肆意冷落的呢？

很多人朋友少的一個原因，是他們不捨得給予，卻想要一切。若你培養了富於魅力與可親的性情，朋友自然會蜂擁而至。

當有時間去結交朋友的時候，許多人卻對此毫無興趣，這不也是很奇怪的嗎？

世上還有比認識忠誠與友善的朋友更為美好的事情嗎？他們的忠誠不因你財富的多寡而減弱半分！無論在順境，亦或是逆境，他們都一樣愛著我們。

朋友的忠誠對我們是一種永恆的激勵，這種激勵與鼓舞讓我們做到最好的自己。當別人誤解或是譴責我們的時候，還能感受到來自朋友們的信賴。

沒有比一個真正朋友更能帶給我們更多的激勵、幫助與歡樂了！西塞羅[37]說得好：「在生活中失去友情的人，就好比普照大地的陽光被奪去了一般，因為在這個世上，沒有比獲得真摯的友情更讓人感到高興了。」

　　西塞羅的話語意味著，真摯的朋友總是為我們著想。當機會來臨時，他們總是給予鼓勵，支持我們；當需要安慰時，他們默默地為我們祝福，為我們掩蓋傷口與痛楚，制止傷害我們的流言，消滅譭謗我們的謊言；他們更正人們對我們的錯誤印象，讓我們走上正軌，克服自身因為某些錯誤或是過失而形成的偏見。他們總是隨時準備給予幫助，一路上為我們提供幫助。

　　若是沒有朋友遮風擋雨，不知多少人被傷得遍體鱗傷；若沒有朋友擋住一些殘酷的打擊，我們的名譽早不知怎樣掃地了。他們為我們受傷的心靈帶來了一絲希望，若是沒有他們的友善、幫助，很多人都將變得貧瘠。

　　對我們的缺點、不足乃至失敗的改正，朋友可謂幫助良多，他們總是想著去安慰我們受傷的心靈，默默地改正我們的錯誤。

　　若是沒有了朋友，沒有了信任我們的人，那麼，當所有人譴責我們的時候，這將是一個多麼冷漠與無情的世界啊，讓人覺得虛無、寸草不生與野蠻。真正愛我們的人，並非愛我們所擁有的，而是愛我們本身。

　　朋友們欣賞我們，幫我們樹立自信，是希望我們取得更大的成就。在他們面前，我們感覺到自身的強大，我們幾乎能勝任任何事情。這種友情的力量其實就是大主教菲利普斯‧布魯克斯神奇力量的所在。他的心中對人類的潛能滿懷著堅定的信念。他喚醒許多原先庸庸碌碌的青年去挖掘沉睡的潛能，感覺到自己是一個巨人，勇於做一些自己平常認為不可能的事

37　西塞羅（Marcus Tullius Cicero，西元前 106 年 - 西元前 43），古羅馬著名政治家、演說家、雄辯家、法學家和哲學家。代表作：《論共和國》、《論法律》、《論神性》、《論命運》、《論名聲》、《論責任》、《論友誼》等。

情。布魯克斯好似具有喚醒人們內心天生尊嚴的神奇力量 —— 這種力量散播著陽光，驅趕著黑暗，將人們內心自私自大的心理剔除，增強別人的自信，激發他們對善良事業熱情的追求。他讓與自己接觸的人都有一種恍然大悟的感覺：原來自己可以眼望星空，現在卻只是低著頭，不思進取；自己擁有展翅飛翔的本領，卻還在地上匍匐前進；自己完全有能力可以勝任高位，卻仍在低位上打滾。在大主教面前，靦腆的人開始變得大膽，猶豫不決的人變得鎮定，消極悲觀的人變得積極昂揚。

誰能估量這種激勵作用的影響力呢？真摯的朋友從來不會拿我們的軟弱或是失敗來讓我們尷尬。相反，他們總是給予向上提升的力量，在心中激勵著我們。

在許多人的生活中，朋友的影響是多麼重大啊！堅強與忠誠的朋友不知讓多少人走出絕望的深淵，始終堅持對成功的追求。不知有多少人在欲輕生之時，一想到有人愛著自己、相信他們而放棄了這種念頭。不知有多少人寧願自己受苦，也不想讓朋友蒙羞或是感到失望，一雙友好的手緊握在一起的那種感覺，賜予人振奮的激勵。很多時候，一句鼓舞或是友好的話語，日後證明是很多人人生的轉捩點。

滾滾紅塵，還有比友情更為純粹與神聖的嗎？我知道一個真實感人的事例，是一位朋友所展現真正友誼的故事。一人成為了酒鬼，失去了自尊、自我控制的能力，墮落成一個被動物本能所控制的人，但就在此人都對自己絕望的時候，一位朋友堅定地站在他身旁。當家人將他逐出家門，當父母、妻兒都已遺棄他的時候，這位朋友仍是那麼的忠誠。在晚上，他的朋友會緊跟著他，當其醉酒站不穩時，會扶他回家，讓他不至於凍死在路邊。這位朋友很多次離開自己的家，到貧民窟找尋他的蹤影，防止他落入員警之手，當別人早已遺棄他的時候，這位朋友讓他感到了溫暖。這種

偉大的愛與忠誠最終挽救了這個墮落的人，讓他重新走上了體面的生活，重返家庭。這種偉大的友情難道是金錢可以換來的嗎？

「當一個被愛著但不察覺的人，

從既懂愛又明瞭的人那裡收穫了真相。

試問，世間還有哪種歡愉，

能夠如此激盪我們的心靈深處？」

當正義極需弘揚之時，我們懦弱卻步，不敢說出真相，這是不能擔當的友誼，怎麼能與正義、坦誠與真摯的友誼相提並論呢？任何偉大的友誼都無法構建於謊言與欺騙之上。要知道，真誠是友情的核心。

在你創業之初，難道還有比擁有一群真正的朋友更重要的資本嗎？現在的成功人士，當初在危機之時，若不是朋友相助，讓他們渡過難關，怎能有今天？這樣的例子不勝枚舉。

有人會覺得，朋友不過是生活中微不足道的東西，投入精力去培養，並不划算。這樣態度只會讓生活變得貧瘠，自己也會變得滿腹牢騷。

真正自由與真實的人，幾乎都是擁有很多朋友的人。倘若某人活在絕對意義上自己的圈子裡，在生活中是很難大有作為的，正是這種至關重要的連繫，友善與舒暢的交流，讓人生更有意義。

今時今日，之所以有那麼多人對生活感到失望，是他們從來沒有認真去培養友情。

有人說：不幸福是因為急於想要獲得，而幸福則是想著給予別人，此言妙矣。

友情絕非是單向的，而是心靈素養上一種雙向交流。若是沒有一方的回饋，是不可能產生友情的。人不可能只索取，不奉獻，也不能只奉獻，不索取，這樣都不能享受到真正友情帶來的歡樂與充盈。

不少人正是因為這些原因，讓朋友遠離了自己，內心變得貧瘠與哀傷。友情中具有一種治癒百病的神奇力量。朋友關切的慰問中所飽含的力量足以驅趕絕望的陰影，讓陽光的希望與歡樂如潮水般湧入心靈的世界。

　　在生活中，不知有多少男男女女感到一種孤獨感，這種孤獨感源於對朋友的渴求以及對別人的愛慕與欣賞，但卻因個性中一些讓人討厭的缺點無法獲得。這些人通常是自傲與敏感的。他們想知道為什麼自己被別人拒絕或是回避，但卻從來不去審視一下自己，去找找真正的原因。

　　在某個層面上，友情取決於欣賞。很多人沒能擁有牢固的友情，因為自身並沒有擁有吸引別人的高貴氣質。倘若你有的只是別人鄙夷的素養，怎能期望別人會去接近你呢？若你不厚道，沒有寬恕之心，為人吝嗇、刻薄，眼光狹隘、為人偏執，缺乏同情心，又怎能期望與慷慨、胸懷寬廣與高尚情操的人為伍呢？

　　擁有一種快樂的性情，懷揣著想要撒播歡樂與愉悅的欲望，對人友善的性格，這些都是真正友情的重要前提。這種美德讓心靈趨於豐富，源自友善的性格，一顆樂於助人與陽光的心靈。有些人不管走到哪裡，都能撒播陽光與歡樂。他們驅趕陰翳，為傷悲滿懷的心靈減壓。

　　倘若能將遭遇最悲慘的人視為自己的兄弟，總能如基督耶穌那麼仁慈，從卑鄙之人的心中看到神性，在最吝嗇的守財奴身上看到博愛，在最怯弱的人心中看到勇敢，替他們辯護說：「不要去譴責這些人，無論如何他們的內心始終還潛藏著某種人性的光輝。終有一天，透過某些人某些事情是能將之激發的。」若大家都能團結一致，我們相信新年的希望曙光也就為期不遠了。

　　若想獲得快樂，就要培養一種樂天的性情、一種友善與歡樂的特質，不要吝嗇自己的讚美。每當有機會就該展示出你的真誠，你的友愛，學會

對別人說些開心的事情，做些慷慨的事情，你會驚奇地發現，自己的心靈是如何得到昇華，情操是如何趨於高尚的，就在這個過程中，自己的生活也是變得如此精彩。

不要害怕告訴你的朋友，你愛他們，告訴他們，你欣賞他們的優點。你要明白友情也有一個保鮮度，不要對友情本身有過高的期望值，不要讓友情因為長期的中斷或是見不到彼此而枯萎。

只有那些樂於奉獻的生命，忠誠地給予別人友善與真摯幫助的人，才能感受到這種富有。這樣的播種必然會收穫豐碩的果實，而只懂索取一切不知奉獻的人，永遠不知道到底什麼是真正的富足。這樣的人，就好比一位農民，時刻想著將原本要播種的種子儲藏起來，覺得這樣自己才顯得更加富有，他不捨得去播種，哪會有豐收的希望呢？我們腦海中要想的應是沿途能幫助多少人，而不是我們身在世上能獲得多少的問題。

也許，在美洲大陸上最富有的人，就是林肯了。因為，他將自己所有都奉獻給了人民，他並沒有想過要將自己出售給競價最高的財團。財富對於他沒有任何吸引力。林肯之所以在歷史上留名，因為他想到更多的是國民 —— 這些人都是他的朋友，相比於口袋裡那叮噹作響的幾個錢，他將自己奉獻給了國家，正如一個睿智的農民將種子廣播於大地，然後收穫沉甸甸的豐收。這個道理，你我都懂。

在美國人民這種勤勞生活的過程中，最讓人感到悲傷的，是在追逐金錢的過程中，我們可能會不自覺地殘酷扼殺了友情。

世上還有比口袋裡裝著大把的錢，但卻沒有一個朋友更讓人感到心寒的嗎？若我們犧牲了友情，用生命中最寶貴的東西去賺取金錢，這又算是哪門子的成功呢？可能，我們認識很多人，但認識的人並非就是朋友。在這個國家裡，很多有錢人都未曾享受到真摯友情所帶來的那份珍貴。

第十二章　友誼是我們生活中的 OK 繃

世上有一種聲華之友。聲華之友，以利相交，見利爭先，利盡則交疏。

世上也有一種道義之友。道義之友，團結不懈，成則為周武三千，敗則為田橫五百，可常可變，可生可死。

結交朋友其實是對性格的一場大考驗。對於能與我們共進退的人，我們會有一種本能的信任感，這本身就彰顯了許多可貴的素質。品德低下的人，很難獲得珍貴的友情。一般而言，我們都可信任支援朋友的人。缺乏忠誠的人是無法獲得忠誠的友誼的。

友情的真正價值在於雙方的品格。希裡斯博士說，未來的前景決定於友情。當一個年輕人冷落朋友的時候，人生最寶貴的財富也將遠離他去。

近朱者赤，近墨者黑。無論朱還是墨，我們都會受其感染，不經意間從朋友那裡吸取某些東西，不論高尚或是低俗，我們都會或多或少地受到影響。查爾斯·金斯萊[38]說：「與騙子為伍，不久必然是說謊話不用打草稿；與抱怨者為伍，必然成憤世嫉俗者；與貪婪之人為伍，必成卑鄙之徒；與造物者為伍，必為矯揉之人。所有這些，都可從他們開始變化的表情獲知。」

一分耕耘，一分收穫，我們只能收穫自己為之付出的。結交的朋友就是我們播下友誼之種的豐收。若只是隨意播下種子不予打理，日後的收成必不見好。那些好友眾多的人，是因為之前給予別人同情、關心、欣賞與愛。

「若我們擁有一群忠誠的朋友，那麼，這比印第安人所有的金子更讓人感到富足與幸福。」

38　查爾斯·金斯萊（Charles Kingsley, 1819-1875），英國歷史學家，文學家、學者、神學家。代表作：《水孩子》、《健康與教育》等。

塞內加[39]說：「朋友存在的所謂目的，就是有人比我對自己還親切；為了我，寧願犧牲自己。這讓我意識到，只有志同道合的人方可稱為朋友，其他的不過是同伴而已。」

「友情是通往幸福的途徑。我一直是這樣認為的。」艾拉‧惠勒‧威爾考克斯說。「廣闊的胸襟方可擁有眾多忠誠的朋友，每個朋友都有不同的理由去接近你。嚴肅的朋友彷彿一本哲學書，有趣的朋友則是一本幽默書。關於這點，還有諸如詩人、作家以及歷史學家等比喻。正如書架上沒有哪本書會擠掉另一本的位置，所以在我們的心中，也不會出現朋友間互相排擠的情形。」

悲觀者會有這樣的論調：「你將發現並不真誠的朋友，還有許多只是名義上的朋友。你的理想會幻滅，相比於友情帶來的甜美，這更讓人感到痛苦，還是活在自己的圈子裡吧，不要無謂地被無法達成的夢想驚醒。」

但我仍舊追尋著自己的夢想，我曾與很多人成為朋友，有些紐帶現在可能已經破裂，這讓我深感痛苦，但我深切明白一點：海內存知己，天涯若比鄰。找到幾個忠實的朋友，這才是通往真正與持久幸福的道路。

莎士比亞曾告訴過我們如何區分真假朋友：

「若他真是你的朋友，
在你極需時，他會幫你。
若你感到悲傷，
他也會陪你哭。
若你醒來，他也難以入眠。
你心中的每份愁楚，
他都願與你分擔。

39　塞內加（Lucius Annaeus Seneca，約西元前 4- 西元 65），古羅馬時代著名斯多亞學派哲學家、政治家、劇作家。代表作：《對話錄》、《論憐憫》、《論恩惠》、《書信集》、《天問》等。

第十二章　友誼是我們生活中的 OK 繃

憑著這些，我們就可
從一大堆奉承之人中找到
真正的朋友。」

第十三章
活在幸福當下，卻死在了明天

第十三章　活在幸福當下，卻死在了明天

當他賺到第一個一百萬時，欲望驅使他去賺第二個一百萬，直到某天清晨，發現自己白髮蒼蒼，皺紋深刻在額頭，此時已無力再去實現自己追求藝術的夢想。

乾涸的磨石，如何輾轉？

曾有一位富於魅力的年輕人，立志要在前半生賺到一百萬，讓後半生可以無憂無慮地享受，做自己喜歡的事情。為了追求這個堅定不移的目標，他決定犧牲心中有些極其渴望的東西 —— 將一切與賺大錢目標相抵觸的東西統統摒棄。他強壓心靈對藝術的強烈的呼喚，把對音樂的興趣先擱下來。他覺得，等賺夠錢之後，這些可以慢慢來吧，等自己功成名就之時，就可以搞搞自己喜歡的藝術創作了。

當他賺到第一個百萬的時候，心中的欲望卻驅使他再去賺一百萬，他決定再工作一段時間，等賺夠兩百萬的時候，就做自己喜歡的事情，當他實現了這個目標之後，欲望又無止境地膨脹起來，驅使他不斷去賺錢，當他決定要放棄這些，真心去享受自己所擁有的，很快發現，自己已成為了欲望的奴隸，身不由己地推著自己往前走，不斷犧牲與生俱來的一些藝術天賦。直到某天清晨，在一面鏡子中看到自己的模樣，他極其驚訝地發現，銀髮早已滿頭都是，皺紋則已深深地刻在額際，當年筆直的腰杆早已彎曲，他不敢相信自己的眼睛，但殘酷的現實卻是那麼的讓人難以接受，此時，他終於下定決心，放棄這種追逐金錢的遊戲，開始自己新的人生之旅。

但很快，他就發現自己早已失去了對年輕時所熱衷事物的欣賞能力。旅遊的時候，他驚訝地發現，年輕時一直會給自己帶來無限歡樂的壯觀建築、精妙的繪畫以及雕刻，此時就像心靈上一本緊閉的書，無法漾起內心的漣漪，他的審美功能已經萎縮了，再也難以從這些事物中感到任何刺激了。

接著，他想主動去接觸朋友，想讓朋友充實自己的生活，但他的交友能力由於長時間缺乏應有的磨練與運用，早已荒廢了。在追求金錢的過程中，早已將友情犧牲掉了，但他還不死心，他覺得畢竟音樂是當初他最喜歡的，現在應該沒有離自己遠去吧。當他走進寬敞的音樂廳，一心想沉浸於美妙的音樂劇中時，很快就發現，自己的音樂細胞由於長時間沒有運用，早已枯死了。在絕望之時，他走馬觀花似地想去尋求新奇，但竟發現，連放縱都無法帶來一時心靈的滿足。他已然失去了享受人生的能力。一生所累積起來的財富，對他而言只是一種諷刺。為了錢，他犧牲了青春、健康、朋友，泯滅了對音樂、藝術與文學的鑑賞力。他就像一幢被大火燒光之後殘留的摩天大廈。一個精疲力盡的老人，雖擁有財富，但卻失去了享受的能力。除了金錢，他別無所有。

空留的一副軀體說明，他只是金錢的奴隸，只是行屍走肉。許多人原本擁有造物者賜予的美好特質，這讓所有正常人都能感受到他的光輝，但是，這些特質卻往往在對金錢痴迷的追求中丟失了，生活也因此被焚毀了。

擁有龐大財富的「巨鱷」終將明白，在不擇手段累積錢財的過程中，他們的所作所為與人類生活中高尚與純潔的行為是格格不入的，所以，善良的人們絕不能無條件地向金錢低頭。

在人生的旅途中，獲取快樂的唯一途徑就是抓住每個機會，照亮自己的生活。日復一日，年復一年地延遲享受生活，總是想著等賺夠錢或是升職之後，這不僅是欺騙自己，也是在消滅日後享受生活的能力。

生活的最大悲劇，就是沒有活在當下，沒有享受生活。我猜想，當這些人在臨近生命結束的時候，是否會發出這樣的遺憾之情：當初應該過自己想過的生活，不應該總想著明天，而要活出精彩每一天。

第十三章　活在幸福當下，卻死在了明天

　　我們時常可以看到，許多年輕人在剛開始人生之旅時，資本並不多，如奴隸一般工作數年，推掉任何可以歡樂與放鬆的機會，放棄偶爾外出度假的機會，拒絕參加音樂會或是上劇院的機會，沒到過鄉村逛一下，買一本自己覬覦已久的書，甚至推遲閱讀或是通識教育的培養。所有這些，他們覺得都要等到自己有更多閒置時間、更多金錢的時候才去做。他們總是這樣自我欺騙：當明年到來的時候，生活就會變得更為輕鬆，也許就有時間去享受，但當第二年來臨的時候，他們又會想，還是縮衣節食更久一點吧，因此他們年復一年地希冀著明年，歲月也在不斷地流逝。

　　這些人有個毛病，總是寄望於未來。他們口口聲聲說，到了明年，我就能送子女上大學了，到時我就輕鬆了，但是，這種萬事推遲的習慣，對金錢的渴望還是占據心靈主導位置的時候，他們一次又一次地延遲著。最後，當萬事俱備，他們覺得自己辛苦了大半生，現在終於可以享受一下了，於是到國外走走看看，或聽聽音樂，欣賞一下藝術品，抑或讓閱讀與學習拓展自己的思維，但一切都已為時已晚。他們已無可救藥地嵌進了過往歲月所留下的深深車轍裡，難以自拔，生活的新鮮感早已乾枯，熱情也是逃遁無影，當年熾熱燃燒的火焰早已熄滅，長年延遲的等待已將享受能力摧毀了。他們曾經苦心孤詣得到的一切，反而將心中對自然的歡樂與愉悅的渴望變成了死海之花。

　　成千上萬個家庭都翻版著這樣的生活。在每個例子中，我們都可以看到那些被折磨掉的生命。

　　這個國度充斥著類似「奄奄一息」的人。為了名聲、金錢，他們將健康、家庭毀掉了，將旅遊的機會，閱讀與自我修養的機會，將與朋友把酒言歡的機會等等有價值的東西和事情換成了金錢。難道這划算嗎？許多人早已不堪重負了，他們基本上沒有朋友，無家可歸。只要我們到這些人

的家裡一看，那種淒冷的氣氛很快讓人不寒而慄。而這一切的始作俑者，就是這想著要多賺幾個錢的心態，這划算嗎？

不知有多少人為了去撿別人丟下的一頂帽子或一把雨傘，結果被汽車或是馬車給軋死了。我們會說：這些人真傻，但這個國家裡，抱著與他們一樣心態的人何止千萬？他們失去了生活中最有價值的東西，還殫精竭慮地想著從別人的口袋中多賺幾個錢。

我們國民為了金錢所作出的犧牲及付出的代價實在是讓人驚駭。只需隨處看看周圍那些身心備受摧殘的人，個中程度就可見一斑了。犧牲有價值的東西，只是為了一點錢。在這裡，我忍不住再問一句：大哥，這划得來嗎？我們時常見到神情饑渴、面如死灰的人，口袋中裝著大把大把的鈔票。他們的確是很有錢，但是別無他物了。

自私貪婪的人們啊，你們是否想過在這個追逐金錢的過程中，自己所失去的？你們是否意識到，在沾沾自喜優越於別人的時候，卻失去了更為寶貴的東西。

大自然是一間童叟無欺的商店，它讓你索取你想要的，只需要以一個相應的價錢，但人們往往為自己的所得付出更為昂貴的東西。

為了金錢，不知多少人失去了美好品德，將所接受的教育統統拋諸腦後，犧牲人生中可遇不可求的種種微妙的感悟，而這一切，都是為了滿足生理上的衝動。當我們不擇手段地攫取金錢時，人性的光輝在逐漸變得暗淡無光，性情也變得僵化，對同胞的憐憫之心在乾涸，情感被凝固。你可能發現，現在比以前更喜歡低俗的東西了，而之前對你有吸引力的高尚、富有修養的人則離你遠去。這意味著人生的下坡路已經開始了，貪婪將人的標準降到冰點。

我認識一些商人，他們自認為在生活中算是成功了，可悲的是，他們

第十三章　活在幸福當下，卻死在了明天

奔波於金錢的追逐遊戲中，卻早已認不出了遊戲開始時照片上單純的自己。為了金錢，他們放棄了最珍貴的東西。商場的圓滑、狡詐早已取代簡樸、開明與爽朗。「商場無父子」的座右銘已深入了骨髓，商業的法則已成為了他們的為人原則與個人信念。

享受生活的人，懂得珍惜時間，懂得怎樣獲得悠閒自在。他們會偶爾聽聽優美的音樂，時而欣賞讓人陶醉的藝術品，冥思一下自然的美感，閱讀一本勵志故事書，讓陽光灑進心扉。在潛移默化之中，他們在人生的道路上一馬當先，他們不會讓自私貪婪占據心靈，而讓自己變得更加富於同情心，與時代接軌。相反，總是等著累積足夠錢財的人，根本沒有「活在當下」這個概念。世上沒有比一昧「今天事，明日做」的思維方式更自欺欺人了。

克萊克[40]在其書中曾有一句睿智之語：「直到所有的黃金時分都已永遠地逝去了，一切都為時已晚了，人們才會發覺過往自己的幸福，然後才願意敞開心扉去享受短暫的人生。」

自己成為自己的奴隸，這樣的例子不勝枚舉。在人生最美好的年華裡，許多年輕人斤斤計較於金錢，心中只是想著在未來可以盡情地享受一把了。

讓人更感可悲的是，未來他們希冀著那段等著被享受的寶貴時光，實在是不可期的，根本就不會成真。這種自欺的情感總是讓他們把享受的時間推到未來，一昧地推遲美好的事情，直到身上的肌肉組織變得僵硬，大腦失去感知愉悅的能力。不知多少人在囤積財富的過程中，放棄了屬於本該在年輕日子享受的東西，扼殺了自身追求幸福的能力，結果是成為自己的奴隸，這必將成為日後子孫的笑話。

40　迪娜·克萊克（Dinah maria Craik, 1826-1887），英國小說家，詩人。

很多精明的商人，在其領域中取得了輝煌的成就，當他們從長年奔波忙碌的生活中退休下來，除非之前在別的方面有廣泛的興趣，否則，也是無法活得開心。

畢竟，在退休之後，他們想要怎樣享受生活呢？對於從原來工作退休下來的人而言，若他們想著有事可做，最好還是要提前想想這個問題。比如，他會去看戲劇，但可能在這個過程中就感到無聊，如果音樂細胞得不到發展鍛鍊的話，又怎麼叫他去真正地享受呢？

那麼，讓他去參觀著名的藝術畫廊吧，一般的商人在裡面待上一兩天，都會感到煩悶不堪。因為，他們的心智在這方面沒有經過鍛鍊。一輩子在商場上打滾，並沒有時間去培養對藝術欣賞與鑑賞的能力，更沒有領略其中深刻內涵的能力。

那麼，讓他們試著去旅行吧，這應該是可以給他們帶來樂趣的吧。在長達數月漫無目的的旅行中，從一個地方輾轉到另一個地方，他們會感覺沒有住在家時的那份舒適與奢華，可能早就厭倦了。

如果他喜歡打高爾夫球，可能會從中得到莫大的滿足，但是一昧沉醉其中，不久也會失去興趣。當然，他也可以試著去做慈善事業，幫助窮人，但是很可能，無論他做什麼，內心總是無法得到那一份平靜與滿足感，心中總是念念不忘之前的那份職業。他很可能對現在的生活感到厭倦與不滿，多年的商海浮沉已經深深地影響了他的思維方式，其他方面的功能得不到發展。這只會不時讓他想著要回到原先自己的工作位置上。

幸福快樂的一大祕訣就是學會享受當前，活在當下。活出精彩每一天。無論你多忙，生活中總會有某些東西闖進日常平靜的生活，漾起一陣漣漪，讓精神得到舒展，心靈得到豐富。在明天到來之前，先讓今天的生活增添一層新的美感與樂趣，生活的本義絕非是讓某一部分的時光充滿歡

第十三章　活在幸福當下，卻死在了明天

樂，卻讓另一部分充斥著悲傷與煩惱。

　　一心想著享受未來，這是不划算的。最近，某位作家說：「我寧願去立即追逐一隻美麗的蝴蝶，或是在雲破月來的晚上用瓶子收集月光。」通往快樂的唯一途徑就是吸允上帝每天賜予我們的點滴果汁。學生為艱深的功課而冥思苦想的時候，學徒為瑣事而奔波打雜的時候，商人朝九晚五賺錢的時候，他們都應該感到這是一個幸福的過程，否則，當他們獲得想望已久的東西時，這個過程就失去了許多歡樂。

　　有一個故事是這樣說的：這個人穿過一片玉米田的時候，不許回頭，不能來回往返，要挑選一個最碩大與成熟的玉米穗，這樣就可以獲得一個稀世珍寶，而這個珍寶的大小則與其所挑選的玉米的大小及成熟度成正比。他穿過玉米地，看到很多值得採摘的大玉米，但總想找一個更大更完美的，所以她毫不理會，心想著前方的應該會更大。當她來到玉米田的一角時，發現之後的玉米生長得越發萎縮，她不屑於採摘這些，最後兩手空空地走出了玉米地。

　　這個故事是很多人生活的真實寫照。他們總是放棄沿途美好的東西，因為心中總是幻想著更好的東西，但是幻想的，始終是不保險的。在夜黑風高的晚上，在危險的地方，當腳下的立足之處在搖晃，手中的燈籠要比遠處天邊寥落的群星更實在。

　　高中生們會想當然地認為，進入大學之後，生活就一下輕鬆起來了；而大學新生則認為，大學畢業的時候，一切就好了；而畢業生則想著在走進社會之後，只有在創業成功或是找到一份自己心儀的工作之後，才可能過得開心。涉世未深的年輕人總是期望著日後幸福的時光，想著自己應該積存足夠的錢去建造一幢美麗的房子。當他們實現了這個願望之後，又覺得事情並不如以前想像，難以擺脫之前的生活習慣。所謂的享受生活也只

能一直拖到日後，直到他在工作騰出一點時間或是在退休之時，才有可能享受一下。

　　若能苦苦執著於所謂的理想環境，從尋常的生活中汲取快樂，即便是孑然一人，仍可活得開心。深諳幸福祕訣的人是不會坐等理想環境出現的。他不會等到明年，等到下一個十年或是等自己富有之後，才想著要出國旅遊，也不會等到功成名就之時，才做自己想做的一切。不！他們現在就從眼前已有的東西中汲取最大的樂趣。

　　佛雷德利·法拉爾[41]說：「若只有在未來，我們才能看到一些顏色，那麼在現在，至少我們也要看到一些端倪。若想看到自己的命運，就只能在心中去找尋。」

　　活於世上，茫茫人海，數不清有多少只眼睛緊盯著遠方的目標，想盡一切辦法去達到。沿途中，我們掠過地球與星辰種種難以言喻的壯景，錯過了去幫助別人穿越崎嶇之路的機會，放棄了讓日常生活增光添彩的機會。對於與前方目標無關的事物，我們一概不管。最後，當我們到達目的地之後，又找到了什麼呢？也許，我們能找到想要的——財富，名聲以及科學的奧妙。我們是有可能實現了這些夢想，但為什麼要以生活中的樂趣、美好與高尚的東西作為代價呢？這會不會有點不划算呢？

　　有這樣一類人，他們忽視了一切，花上一生最珍貴的時間去追逐金錢，任由諸如審美、社交與交友等能力的萎縮，任由其他高級的心智慧力凋謝，最終只是鍛鍊了大腦中那根賺錢的腺體，在經過了大半生形成的尋常軌跡之後，他們就很難感受到生活的樂趣了。他們會發現，自己大腦所形成的單項思維幾乎無法得到生活的滿足感，因為大腦的其他功能沒有得到充足的發展，所以一旦他們走出這種常規後，就會迷失於花花世界中。

41　佛雷德利·法拉爾（Frederic Farrar, 1831-1901），出生於印度孟買，神學家。

第十三章　活在幸福當下，卻死在了明天

　　不少人把自己一生的精力都放在賺錢上，將大腦的心智都用於賺錢，因為他們相信錢是解決所有問題的萬能藥方。有錢之後，他們仍會感到空虛與憤懣，欲求不滿的心理狀態無法揮去。隨處可以見到人們長期過著這種商業式的生活，他們投入如此多的精力、熱情與腦力，以至於犧牲原先所有精緻的情感，失去了年輕的那份情懷。他們成為了賺錢的機器人，成為得過且過這種生活理念的「專家」，而在其他方面，他們一事無成。一旦離開這個行業，內心就會倍感淒慘。錢是賺夠了，自己卻沒有了休閒的心。

　　富人們！無論你賺多少錢，享受生活的能力必然源於年富力強的時候，發展自己的力量與機能。若你為人友善、公正、慷慨、樂於幫助窮人；若你錘煉了社交能力，本著誠信的信念去賺錢，口袋裡沒有一分骯髒錢；若你在追求金錢的時候，不是透過打倒別人，而是透過提升自己。那麼，你就會過得開心，能盡情享受自己所累積的財富，所以，過往養成的生活習慣、發展的趨勢將決定幸福的品質。

　　當一個人變得自私貪婪，那種想將萬物攬入懷中的欲望在心中占據四分之一甚至半個世紀，以至交友的能力、情感的表達，助人為樂與其他高尚的特質早已枯萎，這難道不是很奇怪的嗎？他本應期待的是，財富或能改變生活習慣，要想讓自己樂在新的環境中，就必須發展自身高尚的品質，而不是任由低等的原始獸性氾濫。

　　某位作家說：「我們對待快樂的方式，就好似鄰居處理葡萄乾一樣。」

　　當葡萄在樹上開始結籽時，孩子說：「媽媽，讓我吃幾顆葡萄吧。」但是，母親不捨得採摘這些青嫩的葡萄，而是要等到成熟。等葡萄成熟之後，孩子又過來乞求母親可以讓他吃點，但是母親卻決定將這些葡萄保存起來，做果凍。當果凍做好了，她又想在所有的工作完成之後再吃，這樣

就可以很舒適地享用了，但是看看吧，當看似萬事俱備時，烈日的暴晒、小鳥的啄食，還有不期而至的暴風雨降臨了。之後，樹枝上就變得疏疏寥寥。

我們對待幸福與快樂，亦是如此。我們每天有幸可以有新的開始。「該如何去享受未來呢？然後，讓磨難、厄運或是煩惱將我們拋離原先的方向，所以，總有某天，我們是可以收穫健康、房子與朋友的。」但是，朋友們，誰能保證，當頭髮都熬白了，那些葡萄還會在樹

古人言：人生得意須盡歡。你明白這句話的真諦了嗎？

第十三章　活在幸福當下，卻死在了明天

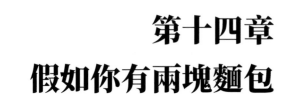

第十四章
假如你有兩塊麵包

第十四章　假如你有兩塊麵包

假如你有兩塊麵包，請用一塊換一朵水仙花。永遠記住物質生活和精神生活是同樣重要的。

假如我有兩塊麵包，我會賣掉一個，去買風信子，填飽我的靈魂。

伊里亞德校長曾對哈佛大學的學生說：「你們應在這裡獲得充分的心智培養，獲得一種快速、充裕與持續的能量。大學的主要目的，就是要培養學生的這種心智慧力 —— 一種敏銳的觀察力，能以不偏不倚的態度去看待問題，對事物形成自己獨特的見解。」這種能力是智趣、幸福與知足之心的主要泉源。

我認為，培養審美能力能將幸福感提升百倍。許多人將歡樂與幸福混為一談，歡樂更多指的是一種短暫的享受，相比從一本好書或是從鍛鍊心智慧力所帶來持久的滿足感而言，這種享受只不過是一杯蘇打水而已。

在已獲得文明浸潤的心靈中，許多心靈的大門仍是緊閉的。倘若能透過教育、感化等文化手段來敞開這些大門，我們的生活將為之煥然一新，帶來無盡的樂趣。倘若一愛美之人的審美功能的大門被開啟了，誰能估量其中帶來的無盡影響呢？在人生早期加強對美感的培養，將讓這個世界變得更為美好。許多人活於世上，對美的事物熟視無睹，無法去感知。因為，他們的審美的慧眼還沒被擦亮。

我們只能去享受自己能欣賞的，審美功能只能沿著心智發展的過程，當然這也有關閱歷和某些先天的遺傳。

那些讓人心醉神迷的歌曲，一些人聽來，可能是淡而無味。壯麗的山川，夕陽的落霞萬斛，藝術的美感，這些在拉斯金的心中不時激蕩起陣陣歡愉，而有些人在相同的環境下，卻感受不到絲毫的快樂。

生活中所有事情都是蘊涵著某種特別意義的，但只有擁有感悟能力的人才能在心靈上產生共鳴。美妙的音樂，對於有些人真的是對牛彈琴，但

在諳熟音律之人的心中，就會漾起陣陣的漣漪。世間最曼妙的旋律無法打動樂盲，只有在精神層面上有共鳴的人，方能解析其中的深意。智趣蘊藏著多大的寶藏，早已超越了各種感官的快感以及物質所帶來的種種享受，這些都是在思想大門敞開之後方能獲得的。無論所處的環境多麼惡劣，命運多麼乖張，無論失敗與煩憂如何困擾著，我們還是可以從中解脫出來，進入一個充滿無限歡樂的世界。

　　想像一下，要是這扇封閉的思想之門敞開了，對於世上許許多多自閉之人、殘疾之人、久臥病床之人，甚至是那些不幸的犯人而言，這該是多大的一個救贖啊！憑藉思想之翅，罪犯的心靈可以飛出鐵窗，正如拉芙蕾絲[42]在獄中寫給奧爾瑟雅信中的內容：

「高牆並不能製造監獄，
　鐵窗也不能成為牢籠，
　純淨的心靈，靜悄悄地帶我們
　到一片隱士的樂土。」

　　智趣與創造美感的能力，完全可以讓我們從沮喪與壓抑的環境中逃離出來。我們要知道，靈魂並不能被任何東西壓制的，也不可能在惡劣的環境中被擊碎。任何失敗或是阻礙都不能阻止人們嚮往和諧與美的世界，在那裡，靈魂可以沐浴在自身營造的世界裡，用各種創造性的想像去裝飾，但是，當今的學校包括大學卻從不培養學生這種創造理想世界的神奇能力。

　　置身於花海的芬芳、落日的餘暉、山川的壯美之中，拉斯金充滿美感的靈魂燃起了熊熊烈火。他的內心開啟了一個全新的世界，不僅增添的是人生的樂趣，也為眾多人開啟了一扇通往幸福快樂的大門，這扇大門通向的正是豁然開朗的坦途。當人類靈魂中那扇欣賞的大門打開之後，世上再

42　拉芙蕾絲（Richard Lovelace, 1617-1657），英國騎士派詩人。代表作：《獄中致信奧爾瑟雅》等。

第十四章　假如你有兩塊麵包

也沒有任何力量能將它關閉，對其的探尋也沒有終點。

班傑明·韋斯特[43] 曾說，正是母親對自己兒時一幅畫作給予的讚美之吻，讓他立志成為一名畫家。正是母親的吻，為他開啟了一個全新的世界，一個充滿美感的世界。

柯勒喬[44] 也說，當他第一次見到拉斐爾[45]的《聖·塞西莉亞》[46]時，內心湧動著莫名的衝動，他激動地對自己說：「我要成為一名畫家！」許多藝術家在看到同行的一些傑作時，內心深處激蕩起靈魂深處的漣漪，他們在審美感官中燃起了熊熊烈火，從此再也難以熄滅。無疑，藝術是人類獲取幸福中最純潔與高級的情愫。透過眼睛，作用於心靈，再回饋給眼睛。正如陽光讓花朵綻放，藝術也讓生活多姿多彩。

美感是一種高雅、催人振奮與長久的力量。愛美是一種優雅與高尚心理的體現，這表明我們已從生活的瑣碎中昇華到一個高的層次。在那裡，我們可以窺見造物者的影子。

從一個牙牙學語的嬰兒到血氣方剛的青年人再到垂垂老矣的老人的生命歷程裡，通往新的樂趣的大門在次第打開。當然，這時常是不經意間敞開的，這可能是在某位朋友的建議下，或是在閱讀某本勵志書，抑或在沉思中領悟到的。正如喬治·赫伯特所說的：

其實，我們周圍有很多僕人，
只有很少人能感受他們的存在。

與思想上這種神奇漫遊所獲得樂趣相比，感官上的滿足或是欲望所激起的激情都是不值一文的，智趣上的感覺超脫於這種低等的感覺。

43　班傑明·韋斯特（Benjamin West, 1738-1820），美國畫家。
44　柯勒喬（Antonio Allegri da Correggio, 1489-1534），義大利文藝復興時期帕爾馬畫派的代表畫家。
45　拉斐爾（Raphael, 1483-1520），文藝復興時期義大利著名畫家，代表作有《西斯廷聖母》。
46　《聖·塞西莉亞》，即 St·Cecilia。

擁有一顆向善心靈的人，很少會遇到困頓與不知所措的情形。神經飽經磨煉的人，在很大程度上可以不受環境帶來的衝擊。若是遇到不順心的事情或是環境讓人覺得壓抑，我們不妨釋放出久在樊籠的靈魂，讓自己的心靈在智慧的海洋中徜徉。這不僅讓我們從讓人無奈的環境中抽身出來，在一瞬間就可到達想像的世界裡，感到源源不斷的快樂。

　　思想者在書本中所享受到的樂趣，是歷史上所有君王都為之嫉妒的。

　　世上沒有哪個地方是全然讓人沮喪與壓抑的。飽經歷練的心靈不僅可從歷史的偉人汲取營養，也能吸收過往風流人物的思想精華、性格優點與優秀的哲學思想，擇其善者而從之。

　　對心靈的培養是極為重要的，這不是物質財富對味覺或是感官的一時滿足可以比擬的。

　　愛比克泰德說：「任何力量都無法阻止我們從智趣的享受中獲得心靈的愉悅。」

　　外部的人和事對我們的影響被過度地誇大了。事實上，無論感到幸福或是悲慘，基本上都是處於自身的掌控範圍之內。世上最貧窮潦倒的人都可以一遍又一遍地聆聽到歷史上最傑出的詩人朗誦的優美詩歌、最博學的歷史學家娓娓道來的厚重歷史，還有那最儒雅的作家講述的戰勝厄運與挫折的動人故事。

　　因為心靈對知識的饑渴，知識對成長的渴望而去接受教育，這是一種最高級的享受，因為這個過程給人帶來無限的滿足感。

　　不少人透過自我教育、自我修養、自我發展，透過對社會的有益服務來達成理想，他們傾盡全力對周圍環境產生積極的作用。這些人是偉大的。

　　有幸接受教育，有文化與修養的人，主動去幫助沒有機會接受教育的

人，讓他們對更為豐富與充實的生活產生渴望。這該是一種怎樣的樂趣啊！

世上最讓人動容的，是一個成年人抓住每個可得的機會，彌補其早年沒能接受教育的遺憾。在閒暇時間，堅持不懈地努力學習讓自己成為一個更全面與充實的人。

其實，生活中有很多自我提升的機會。在這個書本廉價、圖書館免費進入與夜校遍佈的時代，我們再也不能為不去努力找藉口了。

相比於早年形成的知識體系，學到老活到老的這種態度能不斷地獲得循次漸進的提高，這更讓人感到滿足。

縱觀世界歷史，還沒有哪個時代的教育重要性是如此的突出。知識增強了我們的力量，有助於提升幸福感的品質。

現在，你有一個金子般的機會，在閒暇時間裡不斷汲取知識的養分，促進品格的修養，昇華自己。這種知識與修養是任何災難與意外都不能奪走的。

每個正常人都有一種修身立人的追求，千萬不要扼殺心靈這種自我表達的欲望。

人生而為成長，獲得心靈的恬靜、平和與滿足，這是對自我存在的一些解釋。讓自己一天一天地接近理想，讓無知的地平線日漸消融，變得更富知識涵養，更有氣概——這才是一種有價值的理想。

你能從生活中獲得多少？這是一個如何訓練心智與培養思維習慣的問題。你可能認為這是無關緊要與無聊的。假如你認為生活給予的很少，那是你沒有學會培養從生活中汲取歡樂、美感與可愛的能力，愛美的心靈到哪裡都能發現美的蹤影，宇宙中沒有哪個角落不存在美感。想想顯微鏡帶給我們的全新世界，想想天文望遠鏡是如何拓展我們對宇宙深度認知的，這些都是肉眼所無法窺見的。

阿加西的一位超級粉絲曾給他一張一千美金的支票，想讓他出國收集一些珍貴的東西，揭開一些科學的真理，但阿加西寫信回覆說，自己打算在自家後院度過漫長的假期。他的那顆偉大的心靈竟在後院發現了化石的殘跡，還有其他於科學有益的發現，從海邊找來的沙子與鵝卵石，讓他花上幾個小時去研究。他的心靈是如此的充實，在最簡樸的環境中，還能找到自己喜歡的事情去做。

我們現在發掘以及利用的快樂，一旦完全作用於心靈，就相當於發現了新大陸上無盡的寶藏。我們之所以無法去利用，是因為從未想過要這樣。倘若能加以挖掘自己的潛能，必將使我們的生活發生翻天覆地的變化。智慧之所及絕不只是彌補自身之所失，而是日新月異的新創造。

無論從哪個角度去看，我們都會感嘆大自然的鬼斧神工，領略它的無限的美麗與潛能。即便一輩子沉浸其中，都不會感到疲倦。

看著玉米成長，花開花落，在揮鋤耕田時感受一下呼吸的急喘。認真的閱讀，磨礪自己的思想，感受人間的愛，為他人祈禱。拉斯金說，這些都是讓人感到快樂的。

我們應該更加珍惜眼前所得的機會。我們要意識到，對於具有強烈美感的人而言，只需瞥一下這個美麗的世界 —— 這個原先與自己隔絕的世界，會有怎樣的興奮啊！若能看到世界上的風景，環遊世界，陶醉於美景之中，那還有什麼是不願意捨棄的呢？只需看看花朵，放眼一下山川 —— 這些我們平常不為觸動的事物。上天能讓我們看到繽紛的世界，能看到一張張各異的臉孔，從人們豐富的面部表情上感受到無盡的樂趣，領略到各自的風采，這是上天給我們多大的恩賜啊，但是，真正意識到這點的人又是何其少啊！

路德說過：「世界各地都有天堂，為什麼不是呢？宇宙沒有哪個角落

是美麗之神沒有精心去雕琢的。這種魅力超出我們想像。在那遙遠的地方，有沒被人踏足過的青草地，有美麗的野生植物，有俏麗的花朵，有岩石上耀眼的水晶，有動感的飛禽走獸，有激揚的山川，這些難以用言語描述的事物，告訴我們世間存在著無盡的美感，這也正是造物者希望讓每個孩子都能領略的。我們應該深信造物者在任何時候，任何地方都書寫著美。

假如賜給某人全能的力量，擁有無盡的智慧與能量，讓他去創造一個盡善盡美的天堂，在各方面都絕對完美的地方，甚至連植物的生長過程都讓人感到歡樂與滿足，連水果、蔬菜等都能給人帶來視覺上的享受。換言之，假設這個人擁有上帝般的能力去創造另一個世界，一個能滿足其靈魂所有欲望與希望的世界，他創造出的「完美世界」又能與現在我們生活的世界相媲美嗎？

這個神奇世界的創造，並非是根據某人的一己之念。很奇怪的是，我們原本應該活得轟轟烈烈，波瀾壯闊，但在生活中卻是那麼的貧瘠、潦倒。

愛美之心是人性中最基本的性情。在茹毛飲血的原始時代，這體現在最粗糙的飾物上，隨著時代的演進，逐漸成為了一種時尚。單純的存活絕非人類的目標，而是要活得精彩。上帝希望我們能如巨人一般活著，而不是像一個侏儒；希望我們能神采奕奕，朝氣蓬勃，而不是面黃肌瘦，氣息奄奄。

美感強烈的人在人生的旅途中能感受到無限的趣味。

拉斯金在哪裡都能看到天堂的影子。小草、花兒，夕陽、山川，對他而言都是造物者寫在地球上的象形文字。撫摸著這些古老的文字，他可以探究到美麗之神的奧祕。

設想一下約翰・拉斯金與一個頭腦待滯、心靈枯萎的人結伴環遊世界，兩者在所獲樂趣上會有多大的區別。前者在每片葉子上都能看到造物者的筆跡，從每朵花中讀懂造物者的資訊，看到美景時，內心會忍不住歡悅。每當夕陽西下，他心隨落霞彤紅一片，心醉於上帝所創造的一切，而後者，死氣沉沉的審美功能對美麗的風景早已失去了應有的反應，那僅存的還能活躍的腦細胞只能極其有限地工作著，其他的功能處於一種休眠的狀態，處於生銹的狀態。旅行對於這種人而言，意義甚微。

儘管生活是源源不斷的快樂之源，但有許多人任由自身獨特的感官功能萎縮，將追逐金錢視為自身幸福的唯一來源。對於胸懷寬廣之人，那一聲清脆的銅錢碰撞的聲音絲毫掩蓋不了水滴石穿的微音。

我們要珍惜寶貴的友誼，愛我們所愛，昇華我們的心靈，立志消融無知的境遇，開創一條屬於我們的智趣生活。我們與人必須赤誠相見，展現人性的一面 —— 這些能給我們帶來無盡的樂趣。相比而言，一昧地追逐金錢帶來的感官刺激，這是相當低俗的。

因此，生活的樂趣不在身外，在於自身。正是自我欣賞的能力讓我們找回自己。智趣與審美的樂趣，掌握在我們的手中，讓我們從茫茫人海中脫穎而出，不像一群「被驅趕的傻傻的羊群」只知吃、喝、睡，只知滿足生理的欲望。

有修養的人能從生活中汲取各種樂趣，善用耳朵、眼睛與大腦，金錢的制約並不能影響多少。若有一副健康的身體，保持悠然的心情，環境也不能將人怎樣，我們可讓自己的人格變得高尚，成為思想上的百萬富翁，即便擁有的財富不多，我們仍能享受其中。物質能給予人們幸福，給生活帶來歡樂的能力被無限誇大了。平和的心態，高尚的心靈，方可帶來天底下最美好的東西。

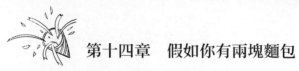

第十四章　假如你有兩塊麵包

第十五章
閱讀是一件漂亮的晚禮服

第十五章　閱讀是一件漂亮的晚禮服

培根說過「閱讀使人飽滿。」一本好書可以給人們的心靈投下一縷陽光，讓我們坐上時光機歡暢地遨遊，給我們的心靈建立一個飽滿的精神世界。

只有三件東西是幸福生活所必需的：上帝的恩賜，書籍，朋友。

—— 拉科代爾

要是讓我放棄對閱讀的喜愛，去換取世界之王的王冠，我也絕不願意。

—— 費那隆

約翰‧赫雪爾[47]曾告訴我們一個故事：在某個村子裡，一個鐵匠很喜歡理查森[48]的小說《帕米拉》。在一個漫長夏日的晚上，他閑來無事坐在鐵砧上，居然擺出一個龍門陣大聲地向村民們朗讀起這本書。這是一本很厚的書，出乎意料的是大家都滿懷熱情地聽著。到了小說的最後，主人公時來運轉，男女主最終有情人終成眷屬，從此過上了幸福快樂的生活，大家聽到了所期盼的大團圓結局。聽眾們爆發了一陣歡呼聲，甚至有人沖進教堂的樓頂，將教區的鐘聲敲響，大肆地慶祝起來。

一本好書能給人們心靈投下一縷陽光，讓生活得到拓展。也許，世上再也沒有其他力量能像書籍那般讓窮人脫離窮苦，讓悲慘之人擺脫困境，讓不堪重負的人倍感輕鬆，讓被病痛折磨的人得到緩解，讓悲觀者有力前行，讓墮落者浪子回頭。書籍是孤單者的朋友，給失去歡樂的人帶來了快樂；給垂頭喪氣的人帶來了笑聲；給深感無助的人帶來了希望，就像陽光普照在大地一樣，驅趕了陰影。

47　約翰‧赫雪爾（Sir John Frederick William Herschel, 1792-1871），英國著名天文學家、數學家、化學家、攝影家、作家。代表作：《天文學大綱》、《星雲星團新總表》等。

48　理查森（Samuel Richardson, 1689-1761），英國作家、印刷商。代表作：《帕米拉》、《克拉麗莎》、《查理斯‧格藍迪森爵士》

悲慘、貧窮及被世人遺棄的人，在物質匱乏的時候，從書本中找到了心靈的庇護所，拂去心中的沉鬱。沉浸在一本好書當中，彷彿自己就是無憂無慮的小王子。

現在，人們的生活成本都在上升，這是一個不爭的事實，但在過往的歷史上，一個窮人從未像現在這樣，可以獲得如此之多的生活必需品，甚至是一些在以前可稱得上是奢侈品的東西。在今天，只需花上一點錢，就能買到一本好書，去感受曾經偉大心靈的跳動，這對我們來說卻是如此的廉價。在一個世紀之前，許多文學傑作仍是富人們的專利，現在，即便在窮人家中也能找到了。印刷業的發達讓許多優秀的文學著作走進了千家萬戶。

不知多少人覺得，自己的生活就是一個悲劇，感覺自己心靈倍感孤獨，被這個世界遺棄。於是，他們從社會逃遁，開始孤芳自賞起來。其實，他們未能真正地去觀察這個世界，沒有真正與世界上有意義的事物打交道。他們沒有意識到，自己在家中有某些權利，能用一點小錢就可輕易獲得某些東西。這些是世上最珍貴與富有的朋友，甚至比宮殿裡的公子王孫更值得你的歡迎。

為什麼要因為自己的貧窮，生活的不順而滿腹牢騷呢？你可以與那些傑出的心靈為伍，與自己想相處的人在一起。在晚上，當你翻開一本書，可以隨時與過往的君王們在一起，與品格高尚的人在一起，不會感到任何尷尬或羞澀，可以隨時隨地與最偉大的心靈展開對話。

理查德·科布登[49]說：「我所能體驗到的最純粹樂趣，也是每個人都能獲得的，就是愜意地在火爐旁，在書中與充滿睿智的心靈靜靜地展開交流，與那些逝去的偉人神交。」

49　理查德·科布登（Richard Cobden, 1804-1865），英國曼徹斯特自由派人士。

第十五章　閱讀是一件漂亮的晚禮服

不論是因為身體的疾病、粗暴的性情或是不善交際，讓自己孤寂，索然獨居，這是造成不幸福的一大泉源，但有了書籍，則不一定會感到孤單，因為可以與歷史上最著名的人進行親密的接觸。

「書籍是讓人愉快的夥伴。」格拉斯通說。「若你走進一間房間，發現書架上密密麻麻全是書，即使你沒有從書架上取下一本，但它們都好像在向你訴說著某些東西，向你問好，似乎在告訴你，在封面的背後，還有很多很多的東西要與你分享。它們很樂意去將知識傳授給你。」

有人說，班揚身陷囹圄之時，對於其著作《天路歷程》一書的人物性格不能自拔。他經常雙膝跪地，在沉醉中留下歡欣的淚水。想像力將監獄變成一個充滿美感的宮殿，高牆並不能困囿他的思想與神遊。他生活在一個勢力的小鎮，但班揚是特立獨行的，他喜歡一個人攀爬讓人愉快的山峰，去欣賞險峰上的無限風光，石牆做的圍牆並無法壓制班揚的這種快樂的氣質，這也就不難理解這位偉人在被囚禁的十二年間，儘管飽受苦難，卻寫出了一本僅次於《聖經》的《天路歷程》。

佩脫拉克[50]說：「我有一些朋友，它們與我極為親密。它們的年紀各異，國籍不同，它們有的身處富人之家，有的是窮人家的藏品。這些朋友為我們提供了動力，所以我很尊重它們。接近它們是很容易的，它們也總是在為我們服務。我可以隨時隨地與它們為伍，也可以隨時離它們而去。它們不僅不會讓人感到厭煩，而且又隨時可以為我釋疑。它們有的教我如何面對生活，有的教我如何面對死亡，有些則以其詼諧幽默驅趕煩憂，讓我煥然一新，有的讓心智更為充實，教會我一些重要的人生道理 —— 如何克制欲望，信賴自己。它們在很短的時間內，為我開啟了一扇通往藝術、科學的大門，它們教會我們如何從容地應對所有的緊急情形。作為回

50　佩脫拉克（Francesco Petrarca, 1304-1374），義大利詩人，被譽為人文主義之父。

報，它們只要求我在寒舍裡的某個角落，妥善地安放它們，因為它們不喜歡在熙攘喧鬧的人群中待著，在靜謐的環境中反倒更覺舒暢。」

許多最知心的朋友，都存活於我們最喜愛的一頁頁書籍之中。我們與他們極為親密，在他們面前，可以毫無保留地敞開心扉，這裡的交流不會出現意見的相左，只有心靈的溝通。

人們時常羞於與自己想認識的人見面，對交友方面的事宜有所隱晦，但在書中，它們可以自由自在地選擇，讓適合的書籍陪伴自己。在選擇書籍的過程中，也可以看出人的性格。所看的書，可以折射出我們的教育程度與品味修養的高低。在收集的書籍上的取捨，在一定程度上也反映了我們的愛憎。

許多人將閱讀書籍視為一種精神上的消遣。他們閱讀並沒有帶有某個明確目的，也沒有想著要提升什麼，純粹為了消磨時間，獲得某種樂趣。

其實，不帶任何目的去閱讀是無害的。我們當然可以為了消遣而去閱讀，但是，盲目的閱讀，只是為了精神上的沉迷，則是有害無益的。這讓我們無聊、急躁與不滿，而不是快樂與心滿意足。要想從閱讀中受益，就必須記住三點：留心、留意、留神。當然，「retention」一詞是源於拉丁文的「retees」，是「網」的意思。用一張網去捕魚，讓那些體型小，還未長成的小魚能從篩孔中逃逸出去，所以當心靈在閱讀時養成了「留心」時，瑣碎的東西就會逃離，在記憶中只有重要的積澱下來。

為了讓腦中有東西可想，就囫圇吞棗地閱讀，只會讓自己生鏽。培根說過：「閱讀讓人飽滿。」但實際上有多種不同形式的飽滿。遊手好閒的「貪食者」並不值得讚揚。消沉的讀者仔細思忖一下密爾頓下面的金玉良言吧：

一刻不停閱讀的人呵，你們可知道，
閱讀並不能帶來一種平等，

甚至是優越的精神與判斷力。

　　不明確與未解決的問題仍有許多。

　　深沉的思想如故，自己的膚淺如故。

　　如果想提升自己，就閱讀那些品味高雅、具有豐富想像力的書籍吧。在這過程中，我們可以提高自己的目標，明澈自己的理想。

　　閱讀富於力量的書，閱讀讓你有所感悟的書，閱讀讓你鼓起人生風帆的書，閱讀讓自己成為一個更好的人的書。讓自己成為一個人物，為這個世界貢獻自己的一份力量。每天抽出十五分鐘，專心閱讀。在五年內，你將認識許多著名作家。

　　紐維爾‧希利斯[51]曾說：「一個原本應被氾濫的洪水衝垮的障礙，現在仍存在於現代文學中。人們的心理情感必定會反映在他所閱讀的書籍或是一些哲學著作上。若是前人認為生活在狹隘的閣樓中是一種幸福的話，這是因為他們喜歡的作家是樂觀主義者，他們能看到生活積極的一面。事實上，他們也看到了醜陋的一面，但是積極善良始終是占上風的，從荷馬[52]到保羅[53]，再到莎士比亞，無一不是心胸寬廣、全面、健康與幸福的人。這些偉大的作家在展現文學天賦的時候，字裡行間都會散發出一種孩童般爛漫的快樂。」

　　約翰‧盧伯克在其《人生的樂趣》一書中理出一些自己精挑細選的書籍。某位作家說，這些書能讓人陶醉其中，悠然自得。為此，我們甚至願意捨棄世間的榮耀，遠離現實中有趣的朋友，更不用說放棄那些旅行的興奮，各種名利的追逐了。人們只想躲在一個安靜的角落，與書籍促膝長談。

51　紐維爾‧希利斯（Newell Dwight Hillis, 1858-1929），公理會教士、作家、哲學家。

52　荷馬，古希臘盲詩人。相傳記述西元前 12 世紀 - 前 11 世紀特洛伊戰爭及有關海上冒險故事的古希臘長篇敘事史詩《伊利亞特》和《奧德賽》。

53　指聖‧保羅。

書籍讓每個活於世上的人都能享受到前人所留下的財富，感受到前人的氣息。歷史上傳承下來的書籍，將一代又一代人帶入神奇的時空。先賢們在書中願將對人生的感悟獻給大家 —— 無論先賢們是科學家、文學家還是藝術家。

　　有人將一生都奉獻於研究鳥類，有人則奉獻於研究微生物，有人奉獻於旅行等等。只需花上不多的錢，年輕人就可從別人一輩子時光中結出的藝術成果或是書籍中汲取養分，自己無須到處跑，就能發現，在很多領域中前人的研究成果，可以為自己所用。這些成果的獲得，往往是前人在耗費了巨大的財力物力，做出無盡犧牲乃至忍受貧窮與艱苦的掙扎之後才獲得的。

　　能讓知識在讀者心中生根、發芽、結果的書籍，都是好書。人們的許多智慧都是從閱讀中獲取的，那些韋編三絕的故事難道不是這樣嗎？在閱讀的時候，要是因為需要趕緊歸還而有緊迫感的話，這種閱讀是不可取的，因為書本的知識是要從容汲取的。所以，擁有屬於自己的一個圖書館，即便不是那種有很多書的，也是必須的。在美國，幾乎所有傑出的人，不論男女，他們在年輕時的閱讀量都是不夠的，但在有限的閱讀中，他們卻讀得很細，完全吸收了其中的精華 —— 書中的精神氣質、目標以及所宣揚的原則，這在他們心中烙下深刻的印象。正是憑藉對書中知識的充分吸收，才驅動著他們朝著偉大的方向前進。

　　閱讀一本優秀小說，是一個鍛鍊想像力與構築想像的過程。書中動人心魄的情節讓人愛不釋手，那引人入勝的情景深深地激發了我們的想像力，但這種想像又不是天馬行空的，而是讓人全身心投入的積極思考，這種想像力，對於理性與富於價值的生活而言是極為重要的。除了閱讀小說之外，遊記也是讓心靈休閒的不錯選擇。接下來，就是關於自然研究類的

書，科學及詩歌 —— 這些書籍都能帶來一種全新的享受，給人一種提升的能量，有些人在某個專業領域中進行了最前沿的探究，這些基本上都是劃入自然科學的範疇。

閱讀與對詩歌的研究就像我們對自然的美麗產生了興趣一般，許多優美的詩歌都是對大自然的一種詩性的闡釋。惠蒂埃[54]、朗費羅[55]以及布萊恩特都能引領讀者以一種全新的眼光去看待自然，正如拉斯金的詩歌開啟了亨利·沃德·比徹的雙眼一樣。

在所有的書籍中，也許，詩人的創作是給人類靈魂帶來最大震撼的。詩歌被認為是「最高級思想的最高表現形式」。

雪萊[56]說：「詩歌透過讓數以千計不相熟知的思想組合起來，達到喚醒與拓展心靈的目的。詩歌將暗藏世界的美景帷幕拉開，讓熟悉的東西在我們的眼中富有一種陌生的美感。」

當然，我們絕不能輕視哲學家的著作，不熟悉康科特哲學[57]與愛默生的讀者，那也不要緊。還有一大幫年代久遠的著名哲學家，諸如馬可·奧理略[58]、愛比克泰德[59]以及柏拉圖[60]等，他們的著作也可帶給我們無盡的樂趣。

某位具有鑑賞力的讀者曾經這樣說：「每當我想起一些書不論在過去抑或在當代的巨大影響力，看到這些書是緩解了人們精神上的苦楚，點燃了大家心中的希望，喚醒了年輕人全新的勇氣與信念，給家徒四壁的人送上了一個理想生活的遠景。看到這些，我都感到非常震撼。在書籍的世界

54　惠蒂埃（John Greenleaf Whittier, 1807-1892），美國著名詩人，解放黑奴的積極倡議者。

55　朗費羅（Henry Wadsworth Longfellow, 1807-1882），19世紀美國最偉大的浪漫主義詩人之一。

56　珀西·比希·雪萊（Percy Bysshe Shelley, 1792-1822），英國著名詩人。

57　實指亨利·梭羅，因其出生在馬賽諸薩州的康科特。

58　馬可·奧理略（Marcus Aurelius Antoninus Augustus, 121-180），羅馬帝國皇帝，哲學家，代表作有《沉思錄》。

59　愛比克泰德（Epictetus），西元前1世紀時的希臘斯多葛派哲學家、教師。

60　柏拉圖（Plato，約前427年-前347年），古希臘偉大的哲學家。

裡，遠古時光與異域魅力緊緊地與我們連繫在一起，創造出一個全新的美麗世界，讓人類從上帝手中擷取真理的果實。——我為這些禮物獻上自己永恆的感恩之情。」

書籍大大拓展了我們的心理地平線，減少了自身的制約。憑藉書籍，幾個世紀以來積澱的精神財富為我們所有，讓我們感到，曾經最睿智的心靈仍活在世上，仍在解答心中的困惑。無論多窮或是環境所限，書籍可以讓我們走出原先那個環境，環遊世界各地，讓我們認識不同的民族，不同國家的美好都盡收於我們眼底，這一切彷彿就在咫尺之間。

沒有任何消遣像閱讀這麼廉價，但卻能獲得如此持久的歡樂。好書能提升品格，純化品味，讓人看到事物美好的一面，讓心靈上升到更高的思維與生活境界之中。

卡萊爾曾說：「收集書籍就可成就一所大學了。」不少有抱負、精力旺盛的男女在學齡時錯過了接受教育的機會，日後為此付出了沉重的代價，深切地體會到其中的重要意義，但卻永遠也無法感受教育在推進人生上無限的可能性。儘管沒讀大學還是讓人感到有點遺憾，但幸運的是我們還有大學教育的最佳取代品——閱讀。

下面這個故事說明了一個道理，只需一點克制，就可擁有一個屬於自己的圖書館。

一個年輕人問：「你怎麼買得起這麼多書呢？我甚至沒有餘錢去買幾本著名的時尚雜誌呢！」

「哦！其實，這個圖書館不過是我每天省下一支雪茄的錢湊成的。」

「此話怎講？」年輕人不解地問。

「其實很簡單。幾年前，當你讓我偶爾試著抽一下雪茄煙。當時，我已經聽說有人在別人花錢抽雪茄的時候，就用別人抽雪茄的錢積存下來買書，

我也想這樣做。你可能還記得，當時我說自己每天應抽一支雪茄的話吧。」

「是的，我記得，但我看不出兩者有什麼關聯。」

「我本來就不抽煙的，但我每天將一支價值五美分雪茄的錢存下來，隨著金錢的累積，我就拿去買書 —— 這些書就是你現在所看到的。」

「你不會說，這些書都是你不抽煙存下來的吧！不可能吧，這些書的總價值可不少啊！」

「是的，我知道。當你建議我抽煙，要有所謂男人樣子的時候，直到現在，我已經過了六年的學徒生涯，我每天積下 5 美分，一年就有 18 美元左右，六年就有 109 美元。現在書架上的書，都是當年在當學徒期間不抽煙累積下來的錢買的。要是你像我這樣，到現在，你可能會累積更多錢，身體也會更健康，還有一個屬於自己的圖書館。」

徜徉於好書的海洋中吧！催人振奮的書籍所發散出的氣質是難以抵擋的。有人置身於書叢，在與書的接觸過程中汲取了文化的營養，他們的心智得到昇華，理想得到拓展。我們可以試著去愛書，從中獲得快樂。

理查德‧勒‧加萊恩[61]曾說：「一個善於閱讀的人，只需讀幾本極富代表性的小說，看看自己的想法，再品味作者在書中的追求，兩相對比，高下立見。」所謂私人的圖書館並非要刻意為之，你無需在紙上作個計畫，列出書目，然後整套整套地買。當然，你也可以這樣，但是書的集中並不代表著一個圖書館。書店也有大量的書，但卻不是圖書館。圖書館是其主人嘔心瀝血一點一點累積起來，是這個累積過程的產物。這是精神的家園，讓你心智趨於成熟，伴隨你不斷前進。

西塞羅曾把一間沒有書籍的房子比作一副沒有靈魂的軀體。所以，儘管麥考利擁有財富、地位、名聲與天才，但與那個時代的傑出人物不同的

61　理查德‧勒‧加萊恩（Richard Le Gallienne, 1866-1947），英國作家。

是，他卻想與書籍為伴。

吉朋[62] 稱，即便將印度所有的財富都不能交換他對閱讀的喜愛。

書籍是我們的奢侈品，有些時候甚至是維持生命所必需的精神食糧。書籍是生活幸福所必需的，它們是我們所信賴的，時刻守護著我們。它們是我們的知心密友，我們可以安然舒適地在它們身旁消遣時間。在落魄的時候，書籍讓我們愁苦的臉綻放笑容，在困厄的時候，書籍給予我們最寬心的安慰。

教育孩子們對讓人感到憂慮、反感與噁心的書敬而遠之，這是極為重要的。不要讓他們去閱讀那些病態的故事，閱讀新聞中那些犯罪、悲慘與露骨的描述文字，不要讓這些黑暗的影像在幼小敏感的心靈留下醜惡的印記。

許多之前過著悲慘生活的人，他們將自己對書籍、圖書館的熱愛視為最珍貴的財富 —— 在他們心中，這是塵世中一片淨土。在書中，他們可以得到慰藉，獲得心靈的平和，超越俗世的羈絆。

當我們遇到挫折，對生活感到疲倦或是好像所有事情都讓自己厭煩的時候，書籍可以給我們帶來心靈的安慰與休息。即便是最卑微的人，也可與莎士比亞與愛默生相擁痛哭，訴盡心中不平之事。

奧利佛·戈德史密斯[63] 說過：「當我第一次閱讀一本有趣的書時，感覺自己是在結交一位新的朋友。當我看完斷續了許久的書時，那種感覺就好像與一位久違重逢的朋友見面一樣親切。」

有人說，不熱愛書籍的人，過的是不完整的人生。看來，此言不虛。

在圖書館中擁有一百本自己喜歡的書，就好比敞開了一百扇通往無盡歡樂的大門。

62　吉朋（Edward Gibbon, 1737-1794），英國著名歷史學家，代表作《羅馬帝國衰亡史》。
63　奧利佛·戈德史密斯（Oliver Goldsmith, 1728-1774），愛爾蘭劇作家。

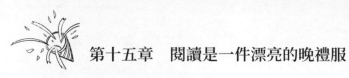 第十五章　閱讀是一件漂亮的晚禮服

第十六章
如何做一個樂觀主義者

第十六章　如何做一個樂觀主義者

樂觀主義者的心靈就好比一面稜鏡，悲觀者看不到的東西往往能在稜鏡上折射出彩虹般的七彩顏色。

人生真正的力量在於微笑。微笑是我們現知的唯一一種推動事物前進的能量，不論事物本身是否願意。

一個農民的兒子問他父親：「怎樣的人才是樂觀者呢？」

「約翰，」父親說，「你也知道我無法給你一個字典上的定義，但我對此也是有一點想法的。也許，你記不起你的伯父亨利了，但我想，若是世上真的還有樂觀主義者的話，他算是一個。亨利總是以樂觀的心態去看待所有事情，特別是在面對一些必須去做的困難事情時，他總是覺得，事實並非想像中那麼的困難。總之，他就是那種天生樂觀的人。」

「以我們現在鋤玉米田為例。假如說有什麼讓我覺得疲憊的話，無疑就是頭頂上的炎炎烈日。在田地裡，我的手腳總是最慢的。在這時，亨利就會抬起頭跟我說：『吉姆，沒事吧？當我們把這兩排地鋤好後，再加上十八排，也就能完成一半了。』兒子，你知道嗎？他說話的語氣總是那麼的輕鬆與愉悅。當時，我情不自禁地笑了。若是我們能完成一半的話，其餘的也必然能輕鬆地完成。」

「當然，鋤地本身就不是一件易事，但是，最讓人頭痛的事情 —— 是要挑出埋在泥土下的石塊，在那個老農場上，這個工作好像永遠都是做不完的，但要想種植什麼作物的話，就必須要這樣做。平常沒事幹的時候，父親總是要我們去挑揀石塊，這不是一個犁耕的過程，但卻是作物茁壯成長所必需的。因此，這種工作必須要一再反覆地做。」

「但是，當我聽到亨利對此的講述之後，覺得世上沒有比挑出石頭更有趣的事情了。他與別人看問題的角度總是迥然相異的。有一次，當鋤完田地，雜草還未需除掉的時候，我就去釣魚，但是父親來了，要我馬上到

田野的西邊撿出石塊，當時我差點哭了。此時，亨利對我說：『不要這樣啦，吉姆。我知道那裡可有很多天然的小金塊呢！』當然，當時他只是在跟我開玩笑，讓我認為這片田地就是一個小金礦。現在回想起來，我可以很實在地說，當時的自己覺得整天都身處加利福尼亞，玩得很開心。」

「在忙完一天的工作之後，亨利對我說，你要讓自己變得富有的唯一方法，就是把這些石塊全部扔掉，而不是儲存起來。」

「雖然，這讓我很不開心，但我卻是在玩耍中度過這些無聊的時光的，而沒有感到半點的枯燥。所以，那片田地中的很多石塊都是這樣被我清除掉的。」

「正如我之前所說的，我不能就樂觀主義者給你一個字典上的意義，但假如亨利不算的話，我不知道世上還有誰可以稱得上。」

樂觀主義者的心靈就好比一面稜鏡，悲觀者看不到的東西往往能在稜鏡上折射出彩虹般的七彩顏色。

稜鏡本身並沒有在光譜上製造出各種顏色，而是本身這些顏色在任何地方都是存在的，和煦的陽光是由彩虹的七色所彙聚而成的，稜鏡不過是將它們分離出來，讓肉眼可以分辨而已。這正如每個人都應有一個樂觀的心鏡，從平常的生活中看到不平凡之處，從周遭的事物中發現美的存在。

許多人活於世上，好像時時都在嫉妒別人，遇事斤斤計較，到處吹毛求疵，什麼都只看到醜陋的一面；他們整天都在焦躁著、煩憂著，憤世嫉俗與悲觀的情緒如毒藥在侵蝕著全身，這是多麼遺憾的事情啊！這些人的眼睛只能看到醜惡與不平，滿懷的只是悲觀的心情。

如果我們從別人面前經過時，給人的感覺不是親切的笑容，而是一臉的陰鬱，這是一件很不道德的事情。我們需要更多歡樂的擺渡者，陽光的製造者，讓他們看到上帝所創造的美麗與完美之處，不要讓更多的人沉耽

第十六章　如何做一個樂觀主義者

於醜陋與痛苦之中，不要讓他們感覺到這是一個充滿罪惡、爭執與疾病的世界。我們要讓人們看到上帝創造的男女，是純潔、正直、理性與健康的，而不是醜陋、羸弱的侏儒。

擁有一顆陽光心靈的人是多麼富足啊！無論你到哪裡，做什麼，讓歡樂伴隨自己，緊緊抓住它。正是心靈的潤滑劑將生活中的悲傷放逐，讓摩擦碰撞的不協調的聲音消失。笑臉是多麼豐富的瑰寶啊。笑容無論展現到哪裡，就把陽光撒播到哪裡，驅趕那裡的陰影，為不堪重負的心靈卸壓，讓那裡人們充滿力量，讓一顆顆絕望的心靈被陽光與希望所挽救。

發散陽光的能力具有比美感與財富更偉大的力量。若你做到最好的自己，讓陽光、美感與真理充盈著心靈，裝進歡樂與向上的思想，將所有讓自己感到悲傷與不滿的事情埋葬，將一切妨礙自由與煩憂的事情統統清除。

也許，很多讀者都有聽過關於「微笑的喬」這個故事。喬是《海風吹拂的長島的房子》的一個人物，在四年的寄宿生活中，備受非人的折磨，由於時常被鞭打，造成了脊柱癱瘓，但他卻是醫院中最快樂的孩子，儘管有多年悲慘的遭遇，他卻比醫院的任何人都綻放出更多的笑容。

所謂性格的考驗，就是人在遇到考驗時，能否保持樂觀、冷靜與希望。當我們擁有強健體魄並且萬事遂意的時候，讓自己感受到陽光與歡樂是很容易的，但在疾病纏身，理想茫茫，身處壓抑的環境之時，想要坦然面對，那確需要英雄般的氣概。

世界需要樂觀的人們，讓世間充滿更多的希望與笑聲！我們已經厭倦那一張張拉長與刻薄的臉孔，受夠了尖酸的表情與傲慢的舉止，樂觀是世上所有奇蹟的最大製造者。它可以賦予人生活新的意義，煥發整個人的力量，所以可以這樣說，假如一個人還沒有失去樂觀面對生活的勇氣，就不是失敗之人。

讓我們如愛默生一樣，相信人性美好的一面，相信所有的錯誤都有治癒的藥方，每顆期盼的靈魂都能獲得滿足。在別人只看到醜陋與反感的時候，我們能感受到其中的美感與可愛之處。我們需要這樣一種人：他們相信在這個世界上，還有一個偉大、堅定與善良的殿堂屹立著；他們相信，世上存在一個善良的事業，比自身的考量更為重要；他們不會試圖去改變這個世界，但我們相信，愛勝恨，正勝邪，光明會克服黑暗，生命會高於死亡，真理最終將戰勝謬誤，和諧最終會戰勝紛爭！具備這些品格，這些人是真正的國家棟梁。

　　時刻保持心境平和與和諧的人，不論是身處紛爭或是黑暗，他們都學會了人生中最重要的課。畢竟，只有透過控制思想與明曉真正的善才是正道，我們才能獲得這種心靈的平和與靜謐。

　　我們要了解到，所有的紛爭、疾病，還有時時讓人擔憂與焦躁的種種，都只不過是自身一種失調的表現，這些都不是現實中原本應存在的，上帝從來沒有製造這些東西，因此，這些東西都是錯誤的。那麼，我們將了解到真正和諧生活的意義，也能明白科學生活的祕密所在。即便在最惡劣的環境中，我們仍可做到最好，散發出芳香與溫馨的美麗，過上安穩的生活。多想想正義，自可驅趕邪惡，讓心靈充滿真善美，那麼，醜陋、邪惡與虛假就難以滋生了。假如，我們的心中沒有音樂的旋律，沒有對正義的渴望與真善美的追求，那麼，終我一生，都是難以去欣賞這些的。假如我不認同愛默生，那麼他的作品也難以激起共鳴。假如心中沒有對美的渴求，在這個世界的任何一個角落，我也難以找到美了。

　　當我們意識到，我們是懷著某個虔誠的目標而生活的，在這個目標指引下，我們完全有能力解決所有損害自身神聖以及同情心的紛爭。這種認知具有重大的作用，完全有將茅茨之屋變成豪華的宮殿的力量。

第十六章　如何做一個樂觀主義者

　　迪肯・布朗為後世所稱道的一點，是即使他接連失去了所擁有的一切——家人、房子、財富與健康，各式各樣的厄運纏繞著他，他在祈禱的時候，仍然感恩上帝所賜予的一切。

　　朋友們感到很奇怪，都這樣了，為什麼還要感恩呢？但他是那麼的豁達與樂觀，說：「即便我失去了時間的所有東西，我仍要感謝主，讓我還擁有兩顆牙齒，上下各一顆。」

　　某人乘坐擁擠的火車，想到西部進行旅行。在旅途中，他與一位老婦坐在一起，這位老婦每過一會兒就從背包中拿出一個瓶子，將瓶子拿到窗外，瓶子在地上摔出一些類似鹽的東西。最後，這個人終於抵不住好奇心，問她到底在做什麼。「喔」她說，「這些都是花的種子，這是我許多年乘坐火車時養成的一個習慣。特別是在穿過沙漠或是鄉村中不漂亮的地方的時候，就會灑下一些種子。你看到鐵軌兩旁這些美麗的花朵嗎？它們都是我許多年前在沿著相同路線旅行時灑下的種子，現在都變得這麼美麗了。」

　　有人說過：希望與笑聲，無論到哪裡，都像散發出香氣的玫瑰，如果在貧瘠的土壤播下種子，未來你將看到的是一片茂密的森林。不要曲意奉承，不要滿腹牢騷。早上上班，用快樂感染你的同事；中午，給你所愛的人說一句溫馨的話；在辦公室中，讓寫下的信件中傳播愛的信號，讓弱者、孤寂之人感受到這種希望。無論在哪裡，無論在何時，我們都可以做一些簡單的事情，將世界冰冷的大街溫暖起來。

　　在黑暗與陰鬱籠罩的環境中，樂觀就如縷縷陽光照進每個黑暗的角落，逐出天空的陰霾。一顆活動心靈的影響是難以估量的。只需一點潤滑油，就可讓發動機輪軸與鉸鏈之間變得順滑，所以，一絲陽光也足以將陰暗趕走。陽光的性情有一種鼓舞人心的作用，產生一種積極向上的影響。

這有益於健康,讓身心舒暢,溫暖心靈。一張綻放笑容的臉能讓別人為之寬心,為別人的生活注入活力。之前讓人為之皺眉的困難,現在都可輕易地解決。人們說:「一張快樂的臉孔,這是無論窮人與富人,無論老人與小孩都可獲得的禮物。」這份禮物是每個人都能獲得的。樂觀積極的心靈所書寫的語言,通俗易懂,傳遞著一種誰也無法拒絕的資訊。

一位愛爾蘭僕人在聽到主人的呼喚後說:「外面嚴寒,我馬上去開門讓主人進來,他總能給我們一陣溫暖,因為主人的臉上總能讓人感到一股春天陽光的氣息。」

我們多麼希望看到陽光的心靈,有時間的話,一定要讓自己品嘗一下其味道。

「樂觀的心可讓頭上的天空變得湛藍。」

人們都有這種感覺:歡喜之時,山河彷彿也在大笑,快樂之時,它們也好似在與我們一起歡歌,太陽與花朵好像都在映襯自己的歡樂;悲傷與鬱悶之時,大自然的一切似乎都在扳著臉孔。當然,自然本身就沒有這種戲劇性的變化,但自身的心境卻發生了天翻地覆的轉變。

失去了微笑的魅力,心靈的醜惡將迅速滋長、蔓延,想像力急速枯萎,心靈充斥著疑問與恐懼。當其活動停止時,腦海中一片幻象,當目標模糊了,自身的紛爭就冒出來了,當歡樂退場之時,取而代之的是悲傷的情緒在你心中粉墨登場。

在這個過於嚴肅的文明世界裡,要說有什麼是急需的,就是會微笑的人,相比起一副烏雲密佈的表情,微笑一下,不需任何花費 —— 但這對自己以及別人都會產生積極的影響。自身所發散的氣質,要麼積極,要麼消極,活在世上,掛著笑臉與彎著皺眉是有天壤之別的,微笑不僅改變我們的表達方式,也改變自身的氣質,讓情緒都充滿了色彩。

第十六章　如何做一個樂觀主義者

扳著一張臉，裝得一本正經，統治這個世界的時代已然結束了，一臉沉鬱與鄭重曾被視為一種宗教狂熱的表現，時至今日，這也成為心靈麻木的表現，這裡面已沒有任何宗教成分。真正的宗教應是充滿希望、陽光、樂觀與豁達的，應該是灑滿歡樂與美麗的。在醜惡、悲傷的臉孔中，是不可能存在著基督教義的。陽光，田野裡的百合花，空中飛翔的鳥兒，山川，河谷，樹木，——這些都是美麗的，都蘊含著生命的教義。這裡沒有冷冰冰、乾巴巴的神學教義，只有讓人感到快樂的基督教義。

拒絕陰鬱，快樂起來吧！洗盡心中的煩憂，莫去想它們啦，多傷腦筋。多想想現實生活的美好事情，為過去美好的時光感恩，快樂起來吧！

愛默生說：「不要在牆上掛一幅主題陰暗的畫像，在與人對話中，不要說些讓人沮喪的話語。」

當臉上掛著憂鬱的表情時，你是在發出一個信號：希望在你的心底逐漸消亡，生活對你而言是一種徹底的失敗，還是謹記刻在日晷上的名言吧：我所記錄的，不過是幾個小時的陽光而已。

忘卻、埋葬所有讓人不悅、傷痛與阻礙我們的往事吧！抖抖身上的塵土，前方的路很長，上路吧。

熟諳這一藝術的人，能從周圍的環境中解脫出來，無論身處順境逆流，都不改快樂本色。即便生活窘迫，也能讓自己快樂起來。當別人悲嘆的時候，他卻為自己的所得感謝上帝，別人憂鬱的時候，他樂觀前行。

人活著，再糟的事情也不應讓我們呼天搶地，我們始終要處於一種和諧的狀態，找尋真、善、美，感受幸福與愛，讓自己活得圓滿。

心靈的殿堂不是用來堆積困擾我們的事情，而是上帝賜予我們的小屋來儲藏我們所珍視的理想與希望。

不久，我們將看到，善良將戰勝邪惡，高尚將擊潰低俗。要知道，善

與惡可不是在同一個等級上的較量。

　　無論怎樣，我們都要勇敢地追求幸福，用歌聲與微笑來伴隨我們的人生。善待生活，用笑作為麥片粥的調料，我們不妨在質樸的床上大聲蹦跳；不妨在寒冬打獵時，哼上幾個小曲。這種神奇的心理作用於窮人身上，讓他們看上去也是充滿著魅力；施展在不幸之人身上時，他們很快就能看到希望。

　　我曾與一個年輕人一起旅行，他的性格中就有這種神奇的物質，能將哪怕最不愉快的經歷變成一段金子般的回憶，在最平常甚至是令人尷尬的情形下，都能找到快樂的蹤影。他總能看到事情有趣的一面，讓周圍的人笑口常開。一次，當我住在維也納一間小旅館裡，那裡的小跳蚤讓人都無法入眠，我看到他在地板上，一臉笑容。原來，他在丈量著這個活標本的尺寸。他說，自己發現了世界上最大的跳蚤。

　　可見，培養從人和事中看到積極的一面是多麼的重要啊！

　　世界猶如一面鏡子，時刻反映著我們的影像。大笑，鏡中的世界就會對著我笑；哭，對著你的也就是一副哭泣的嘴臉，面對如此的不同，你會怎樣選擇呢？

　　你們是否覺得自己的生活過得很沒動力？你們是否想過要超越往日瑣碎的蒜皮小事，保持一顆清淨的心呢？那麼，學會與人交往的藝術吧，正如蜜蜂，在花叢中從不挑剔地採蜜，為人處世，要培養從每次經歷中汲取經驗的習慣。那麼，你認識的每個人，都能豐富你的人生，獲得有價值的東西。

　　一位職場女士告訴我她的一次有趣實驗。

　　「某天早上，當我出發去上班的時候，決心要嘗試一下樂觀的思想是否真的具有什麼威力（之前，我為人一直比較情緒化，陰沉與沮喪）。我

第十六章　如何做一個樂觀主義者

對自己說：「自己之前也觀察到快樂的心境對身體機能有神奇的作用，所以，我決定讓別人感受一下這種作用，看看是否真的能給別人帶來什麼不一樣的影響。你看，我還是有點好奇心的。當我走路的時候，我時刻提醒自己，堅信自己是快樂的，這個世界對我不薄。我驚訝地發現，自己的精神狀態真的被提升了，嘴角上開始掛著微笑，舉止也變得得體，腳步則更為輕盈了，甚至有一種腳踩在空氣中飄飄然的感覺。我看到之前一起工作的同事，原來她們都被煩惱、牢騷甚至是暴躁的情緒所困擾。此時，我深深地為她們感到同情。我希望自己能將充溢全身的陽光分給她們一點。」

「到達辦公室之後，我向會計問候了一句早安。我自覺不算是那種天生聰穎的人，平常一般是不會這樣做的，這聲問候為我這一天打下了一個快樂的基礎，她也能感受到這一點。公司的老闆是個大忙人，對自己的事務總是十分煩心。有時，他對我一些工作上的評價，真是深深刺痛我內心（這可能是天性敏感或是受教育的原因吧），但在這天，我已經決定了，絕對不能讓任何事情攪亂這種歡快的心情，所以我面帶微笑地回答。他那錯愕的表情一下子將緊皺的眉頭舒展開來，又一種愉快的基礎打下了。整天下來，我都不讓任何陰雲來破壞晴天的美麗。在同樣的辦公室裡，之前感到被人疏遠，感到缺乏人情味，現在則是感覺到真摯與溫馨的友情洋溢在四周圍。現在無論遇到什麼困難，大家都能積極來幫助。」

「所以，我的好姐妹們，假如你認為這個世界對自己不好，那就不要浪費每一天了。應對自己說：『我要保持年輕的心態，不管頭上的銀髮，不管事不隨心，我也要為別人的幸福而活。』在我所走過的大道上，撒播陽光，你將會發覺，原來幸福就在周圍，自己並不缺乏朋友與同伴，在上帝平和的心靈中，讓自己的靈魂安然。」

有些人總是習慣性地去觸碰錯誤的開關，手中拿著最好的樂器，卻演

奏出最爛的調子，他們到處傳揚悲觀的調子，任何事情都不能以平衡的眼光去看待，陰影無時無刻不再覆蓋著他們。他們的臉上也是如此，陰鬱如故，時日對他們而言，總是艱難的，金錢總是拮据的，似乎所有的事物都在萎縮，不存在任何伸展或是成長的空間。

　　對別人而言，情形則恰好相反。他們從不投下陰影，而是在發散陽光。觸摸到的花蕾就會綻放，散發芳香與展現美麗。他們走進你，只想帶來歡樂的笑聲，開口說話時，只想鼓勵你。人到哪，陽光就跟到哪。他們有一種神奇的魔力，能將魔力變成詩歌，醜陋變成美麗，失調變成協奏。他們能看到人性的閃光，然後說一些讚美的話語。

　　沒有比抓住每個機會幫助別人，讓別人獲得滿足更讓人感到滿足的了。假如你不能給予物質上的幫助，可以予人樂觀的心境、誠懇的話語，配以善意與鼓勵，很多饑渴的心靈都在渴望比金錢更重要的憐憫與歡樂。而這些都是你能給予的。

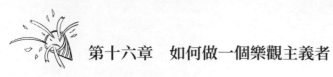

第十六章　如何做一個樂觀主義者

第十七章
讓恐懼和憂鬱見鬼去吧

第十七章　讓恐懼和憂鬱見鬼去吧

當漁民在大海裡遇到龍捲風的時候，不是掉轉船頭一昧地逃跑、躲避，而是勇敢地迎向它，一直衝過去。

當我回首那早已逝去的心痛時，
嘴角一翹，微微一笑，雲淡風輕。

很久以前，有位魔術師對家中那隻時刻害怕貓的老鼠感到無奈，於是將老鼠趕走，換上貓，但是，不久他又發現，貓竟然又怕起狗來了。於是他又將其變成狗，但是，狗還是時刻在恐懼著想像中的老虎，無奈之下，又只好將狗變成老虎，但是，故事到此還沒結束，因為老虎時刻害怕著獵人的捕殺。最後，倍感無趣的魔術師又將其變成一隻老鼠，無奈地說了一句：「既然，你們都只有老鼠的神經，無論怎樣，也沒有辦法讓你變成更高級的智慧動物。」

許多人似乎都無法擺脫心中那份揮之不去的恐懼感。身處貧窮時，他們想像著，若是能擁有健康與金錢，恐懼感自然就會消失了。他們時刻在幻想著，假如自己擁有了這些，所處的環境不一樣，就能擺脫憂慮的心境與高利貸者的吸血了，但當他們真正獲得了這些的時候，同樣的恐懼感仍舊纏繞著他們，儘管是以不同的形式出現。

世上沒有什麼比恐懼與憂慮更無情地扼殺幸福了。

無論在哪裡，恐懼與憂慮都是一個讓人避之不及的詛咒，我們的人生原本不應去面對這些。假如沒有這兩個幸福殺手，我們將能更從容地面對生活中的厄運與災難。

恐懼是一個自古以來就存在的敵人。事實上，憂慮是與恐懼共生共存的，原始本能的恐懼一直纏繞著我們，憂慮也是這個時代的一大毒瘤。在啟蒙教育中，我們對因敬畏上帝而感到恐懼的野蠻人感到可笑與遺憾，但若是之前就沒有這個心魔，那麼為什麼在靈魂畏縮與心智減弱之時，我們

總是感到戰戰兢兢呢？

　　我認識一位深受尊敬的人，他的一生卻始終被莫名的恐懼感所困擾，摧毀了他的事業。曾經，他也為此作過絕望的鬥爭，但直到最近他才發現，其實自己可以換個相反的心理暗示來加以克制。他說，恐懼感從幼時就一直困擾著他，讓其始終無法自然地表達自己，阻擋著他去做任何自己想做的事情，最後讓他無法做好任何事情。

　　自從他發現了打破平和心境與幸福感的破壞者，並能抓住這個壞蛋之後，整個心理狀態就發生了翻天覆地的變化。他說，之前從未對自己有過深刻全面的了解，對自身潛能也是一無所知，但在摧毀了心中的恐懼感之後，他獲得了極大的提升與進步，因此之前那個覷睨、不敢擔當的人，現在已經變得充滿活力與自信。他掌握了激發自身的潛能方法，心理素質獲得極大的提高，成功消滅了纏繞自己多時的恐懼感。現在，他一個月所取得的成績，比之前一年的還要多，可以說是事半功倍了。

　　恐懼扼殺希望，憂慮摧毀自信，這兩者讓人無法集中精神，讓人變得拖沓。恐懼和憂慮是成功的天敵，毒害著我們的幸福。

　　「當我們嗅到恐懼與憂慮的氣息時，馬上抵抗吧！」一位女作家如是說。

　　許多人心中總是莫名地害怕著某些事情的發生，沒有足夠勇氣去面對生活，更不用談享受其中了。他們不敢去與心理素質強硬的人或是備受運氣青睞的人走在一起，害怕自己貧瘠的心靈與乾癟的口袋被人發現，喪失了從社交汲取樂趣的能力。實際上，他們可算是懦夫，而懦夫可是永遠不會獲得快樂的。

　　我們活在世上，內心怎麼可以被環境所限制住呢？命運並非想讓我們被一些偶然的機遇所改變。其實，最大的敵人就居住在自己的心中，在我

第十七章　讓恐懼和憂鬱見鬼去吧

們的想像之中，在我們錯誤的人生觀念之中。我們應該成為自己的主人，而非做一個凡事被驅使的奴隸。「王侯將相寧有種乎？」，世上沒有任何所謂的哪個信條，命定我們必然是懦夫！

把挫折、失敗歸結於命運，這是多麼愚蠢的迷信啊，這也抹殺了多少人的幸福啊！許多人認為，迷信是無害的，但是，若這種迷信讓我們覺得自己只不過是環境的傀儡時，危害至極，這樣人就成了壓根就不存在的所謂「命運」的擺佈的工具。就是這樣，世上總存在一種內心想像出來的與真正生活相左的反作用，總是試圖擾亂我們的正常生活。

據統計，人的心理大約有五千多種不同形式的恐懼。許多人總是感到某些恐懼的事情將在眼前發生。他們在最快樂的時候，還總是感覺有些不祥之兆，這樣的莫名的恐懼，讓人難以從任何事情中得到快樂的感覺。這些見不得光的心魔甚至在萬人空巷的宴會上也會露出影子。

這種恐懼的疾病，不知讓多少人的幸福蒙上了厚厚的陰影。他們總是感覺，某些可怕的疾病的因數正在體內蔓延，這種無時無刻的焦慮影響著營養的吸收，讓身體的抵抗力下降，潛伏在身體的某些疾病也很容易誘發出來。

恐懼改變血液的流向，讓身體的分泌紊亂與稀釋，導致迴圈不暢，神經遲鈍。事實上，讓我們心憂重重與恐懼的事情，無論在哪個階段，都會讓血管收縮，阻礙血液的暢順流通。

生活在恐懼氣氛中的孩子，他的自然發展必然受阻，難以順其自然地發育成長，發育不健全的身體很難再變得正常。在惶惶不可終日的環境中，孩子的血管將發育不全，流速非常緩慢，原本強烈的心跳也變得如此緩慢。可見，在這個恐懼惡魔影響下，生命的泉源在乾枯。相反，愛則能驅趕恐懼，讓快樂的泉源取之不盡、用之不竭。

幾個世紀的經驗與啟蒙教育以來，人類還沒有意識到惡魔就在你的心中，恐懼完全是想像出來的，但是，人們卻沒有採取行動阻止這些幸福的敵人，任由他們去折磨我們，這難道不是很奇怪的嗎？人類已經飽受了幾個世紀的煎熬，時至今天，我們仍然為同樣的恐懼與憂慮所折磨，一如它們困擾先輩一樣。其實破解的方法是那麼簡單，我們只需轉變自身的思維與心理態度，就可輕易地破壞與緩解這種感覺。

回首自己的生活，你就會發現，恐懼會讓你未老先衰，讓皺紋爬滿額頭，讓矯健的步伐失去穩重，讓雙頰失去紅暈，讓快樂離你遠去。可惜的是，你還沒意識到，恐懼壓根就是不存在的玩意。

現實中不存在的東西，卻讓整個人類從歷史之初直到現在都為之深受折磨，這是值得深思的。恐懼感在現實生活中沒有任何事實存在的證據，完全是一種心理的產物，一種妖化的想像，造物者從未創造任何壓抑或是摧毀平和與幸福的東西，我們要堅信這一點。一位醫生最近跟我說，恐懼對於人類的心智而言，就如勇氣一樣，這種感覺的存在是正常的，這樣的說法，我不敢苟同。這就好比說，失調也是和諧的一種表現形式，這可讓人不能接受。

神學與不少迷信中包含著太多的悲慘往事，太多的焦躁與恐懼，太多的陰暗面，而歡樂與陽光還有那今日的希望卻是那麼稀少。可知，人類所渴求的是造物者所代表的一種精神力量，而非一大堆華而不實的教義。

幾個世紀以來，教會都在傳遞一種關於死亡的錯誤觀點。這無疑讓恐懼的思想在人類腦海中迅速紮根。其實，死亡與出生一樣，都是極為正常與自然的，只不過是從生命的一扇門穿越到另一扇而已，只是走進了另一種意識狀態而已。死亡與化蛹成蝶的過程一樣，只不過是一個更高級的釋放過程而已。

第十七章　讓恐懼和憂鬱見鬼去吧

「死亡不過是一道被掩飾的橋，
引領著人們從一道光走向另一道光。」

許多人對死亡存有深深的恐懼感，一想到死亡，四肢發抖，根本無法享受現實生活。如果你這樣想，就不要奢望活出生命的精彩了。

有些人似乎總是在為死亡做著準備。這種心理態度不知會存活多久。時刻生活在死亡陰影中的這種生活理念是極其有害的。這就好比你正在欣賞優美的風光，眼前不知從哪裡冒出一具骸骨，這種感覺可不好受。時刻憂心於死亡的恐懼，讓人思想癱瘓，無從享受生活的樂趣。

我認識一些人，人到中年之後，就開始為自己的人生終點做著準備，事先把一切事情按部就班，立下遺囑，想著在百年之後，讓誰去打理家業。他們總是想到死亡，彷彿在他們的心中懸掛著死亡的畫像，就如一出永遠也播不完的電影。

想像一下，讓孩子在充滿死亡氣氛的環境中成長，這是一種多麼錯誤的做法！他們在晚上無法安然入睡。我認為，在這樣的環境下，孩子在晚禱的時候，進入他們心靈的影像是：假如在明天醒來之前，我突然死了，那該怎麼辦呢？這種思想的危害是無窮的。小孩子哪裡知道死亡是怎麼回事？為何要讓他們從小背負這麼沉重的心理壓力呢？

我想，在幼小心靈的塑造階段，灌輸這種死亡的觀念將會造成難以估量的痛苦之源！這種關於死亡的可怕觀念也讓無數人對造物者懷有偏見，小孩子們不禁會想到：死亡與造物者的仁慈難道不是矛盾的，怎麼充滿愛意的造物者竟然會做出這種事呢？實際上，兩者並非是一回的事，孩子本來對美好生活有著本能的嚮往之情，到現在卻讓他們產生了錯誤的觀念：原本充滿愛意的造物者，卻製造了讓人感到恐懼的死亡。

幾個世紀以來，很多生活在教會之下的人們，都是生活在一種死亡的

緩期徒刑之中，他們永遠不知道自己何時會被召去，時刻活在死亡的陰影中。這種時刻籠罩在頭上的死亡恐懼，就像黑色的棺罩懸在每個人的頭上，黯淡了所有的美好。

一顆偉大的心靈，能在快樂中沉著自如，在所有的環境中，都能感到一種絕對的安全感。當我們覺得自己是某種自身不能控制命運的受害者時，原先的生活就會失衡，變得一團糟。所有的希望都會在毫無徵兆下被撕碎 —— 換言之，辛辛苦苦為之努力的未來也就沒了著落。所以，我們要培養一種堅定的信念，一種持久與重要的原則，這是所有偉大生活的脊梁。

人們要時刻篤信一點，我們心中閃耀著人性的光輝，無論在什麼情形下都會支撐著我們。充滿智慧的造物者讓我們遠離陸地與海洋的一切災難，在養成這種持久信念之前，一定要有一種絕對的安全感，這樣我們才能獲得心靈的一種平衡，一種坦然的心態，這是真正意義上的男女所必備的。

只要我們對自身發出這樣的疑問：是否屬於永恆原則的一部分，是否是偉大計畫的一個章節是疑問，那麼，就無法去超越所有的匱乏、不幸。我們的性格中就永遠存在著缺陷，失去所有偉大生命那種持久力量所具有的特徵。

堅強的性格對生命的真理都有一種不可動搖的信仰，篤信這一持久不變的最高原則，愛與生命的最高目的，上帝美好的信心 —— 生命並非死亡，正如惠蒂埃在以下詩句所體現的：

「在一片靜寂之海的旁邊，
我與槳櫓在靜候。
他沒有傷害我，
無論是在大海或是在岸邊。」

第十七章　讓恐懼和憂鬱見鬼去吧

恐懼的產生，是因為我們意識到自己失去了生命之源的補給，我們感覺到失去了愛的溫暖，失去了造物者的庇佑，失去了那曾經無所不能的真理。世上還有什麼能比保持與生命之源的連接更感到欣慰的呢？「看，我能總是與你同在嗎？」這句話似乎是讚美詩的作者與其他《聖經》研究者為治癒人類這一弊端所開出的良方，這也是他們作出艱苦努力的寫照。

所有的恐懼都是基於這樣一個事實：受罪者由於感到自己與某種永恆的力量相悖，覺得自己的屢弱渺小，而當他覺得自己與支撐自己的力量合一時，就會感到一種生命的榮耀。當觸摸到這種力量並且感覺這種庇佑時，他就不會再感到惶恐或是焦慮，不再沾沾自喜於自身低下的道德標準。

恐懼感總是與自身的脆弱感及自感無力免於這種侵害的能力成正比。

已故的哈佛大學教授謝勒說，上個世紀最大的發明，就是認知到要與宇宙的任何事物合一，你將與所有生命達到一種統一。

當意識到自己與充滿偉大創造性的永恆宇宙合一時，你的生活馬上會呈現出新的意義。世上只有這樣一個永恆的原則貫穿宇宙，這是一個至高的真理，一個真實的存在，這種認知是一種神奇的巨大力量。我們在通往幸福殿堂的途中勇往直前，在此過程中我們深信不已的一點是：我們終將到達目的地！這是人類心靈迄今為止所產生的最令人震撼、鼓舞的信念，能將任何恐懼感扼殺於萌芽之中。

當我們意識到我們本身就是這一偉大的自然原則不可分割的一部分時，我們將永遠不會消失在地球上，仰望星空，腳踏實地，我們可以分享到造物者所具有的特質，讓自身臻於完美，達到永恆。天生我材必有用，我們要了解到自己是自然法則的一部分，這種認知將解答生命中最深藏不露的奧祕，對此，我們應該由衷地感到滿足，這是其他所無法給予的。

與大自然相處的天人合一狀態，有助於讓我們的生活處於一種平靜的狀態，我們將變得自信與從容，變得富於創造性。

當被恐懼、憂慮包圍的時候，這實際是在清晰地發出一個信號：我們失去了與上帝的紐帶，已經遠離了心靈的家園。我們與永恆的腳步不協調了，與神聖的原則背道而馳。

當覺得自己的雙手充滿力量，他就覺得「此時此刻，我與大自然並肩戰鬥，這是容不下疑問與恐懼的。」因為他知道，任何事情都不能無緣無故地傷害自己，無論走到哪裡，所有的恐懼都會消散，自己時刻處於堅強信念的保護之中。只有這樣，生活得以高歌前行，發散出一種積極的曲調，這些都是其他所做不到的。意識到自身真真實實地活著，創造著，活在人性的光輝之中，這樣的心態將徹底改變我們的生活，當心靈屬於我們，我們也再不知恐懼為何物了。正如惠蒂埃睿智地說：

「我不知他的海島在哪裡漂泊著，
棕櫚樹在空中飄蕩著。
我只知道，自己不能隨波逐流，
越出他的愛與庇佑。」

每個人都應知道如何控制自己的心靈，成為心靈的主人。很多時候，看到一個身強體壯的人，卻是備受折磨思想的無辜受害者，真是感到十分可悲，他原本應將這種恐懼感扼殺掉的。

不少人的心靈總是被一種斷續的煩憂、恐懼所困擾，好像某些不祥之事即將上演，他們的心智充斥著不祥的預感，判斷力也因此失去了方向。當恐懼潛入心靈，良好的判斷以及常識必然會被恐懼所取代。

人應成為心靈的主人，要覺察自己的心理活動，要有能力隨時關閉或開啟心靈大門的能力，取其精華去其糟粕。當時過境遷，回首生活的時

候，看看恐懼與憂慮對消化系統、身體機能與神經系統的危害，看看它們對日常生活的巨大破壞性，我們對其能量將深感驚訝。

當希望和理想破滅之時，我們的身體付出巨大的內耗，數以千計的人正是死於此種陰鬱之心，我們始終沒有意識到培養偉大的心靈、高尚的情操的重要性，高尚的情操是預防人類疾病的重要籌碼。任何一個民族都還沒有充分意識到：悲傷、憂慮與恐懼是人類生活的大敵，我們應像抵禦疾病一樣抵抗它們。沒有樂觀的心境，就沒有身心與道德上的健康行為，因為這是人類正常舉止所必需的。

重要的是，保證身心的健康，高尚的道德標準，這樣焦躁、恐懼的細胞就無法在體內生根發芽。我們要鍛鍊強韌的抵抗力，讓這些敵人無法進入體內。

某天，當我不經意間看到這句讓心靈為之震撼的句子：若在悲慘的時候，快樂不起來，那麼，無論在什麼情況下，你都快樂不起來。

無疑，說這話的人想要表達，那些任由情緒擺佈、無法控制心理走向的人，絕非是自己的主人，心境隨情緒高低漲落的人，是無法掌握自己的幸福的。他無法告訴你，自己是否感到幸福，因為，他自己也不知道在某個時刻會有這種感覺。

這個時代，那些飽受恐懼與焦慮的人所用的最壞的藥物，就是使用麻醉藥品，這個年代的焦慮在很大程度上是由於藥物的氾濫。許多專利藥品，被許多懵懂的人視為能包治百病的藥物，而這些藥也可以輕易地獲得，這實在是讓人感到遺憾的事情。這些藥物含有嗎啡、可卡因、酒精。特別是一些治療頭痛的處方，落在一些對藥性不了解的人手中，更是危害巨大，這將直接導致悲劇的發生。任何人都可獲得一些讓自己致命的藥物。而一些焦慮與恐懼的受害者則非常容易受到誘惑，以此來尋求解脫。

濫用藥物的習慣是當代最為危險的一個徵兆。藥品的包裝都極富吸引力，同時也很方便攜帶，因此，濫用藥物的可能性大大提升了。人們大量尋求這種「精神安慰品」或「萬能藥物」，這改變了我們的生活方式與工作方式，我們變得趨向於從藥物中尋求解脫，其實，這是在很大程度上源於緊張生活對幸福渴求的一種扭曲。當神經時常緊繃到崩潰的邊緣，無法「減壓」，我們也就失去了享受生活的正常能力。無論怎樣，找尋幸福的能力不能喪失，很多人依賴於藥物的刺激，讓身心獲得短暫的愉悅，用以逃避悲慘的生活，讓早已枯萎的心靈與感覺從死水一般的生活中帶來感官刺激。

　　法蘭西斯‧威拉德曾披露了第一份研究勞動階層生活消沉原因的調查報告。她說：「他們生活很窮，是因為酗酒。」但不久，她就改變了說話的角度：「他們酗酒，是因為貧窮。」

　　以匹茲堡鋼鐵工廠一個普通的工人為例。他必須如一個奴隸從早到晚地工作，被一個永不滿足的「怪物」所控制。每天二十四個小時中，只有幾個小時是真正屬於自己的，他們只不過想那被無聊單調生活所壓抑的感官獲得一絲刺激而已，難道我們能因此責備他們嗎？他們只不過想那疲憊不堪飽受傷痕的身體獲得輕鬆，難道我們又能因此數落他們嗎？他們必須要獲得這種消遣，否則只能變瘋或是自殺。這是一種自然法則。對一個身心都被奴役之人，心理與精神倍受壓抑，在這麼短暫的自由時間裡，怎樣才能獲得生活真正的樂趣？他認為，只有酒精這一種途徑，讓自己獲得必不可少的愉悅，也只有這樣一種快樂是向自己敞開大門的。他覺得，只有在泥醉的時候，才能暫時驅趕無聊與痛苦，讓被遺忘的夢想與美好湧上心頭。

　　這是一個極端的例子，但這生動地表明瞭，我們這個時代存在的不正常傾向。事實上，今天的生活成為一種負累，讓我們如機器一般機械地運

第十七章　讓恐懼和憂鬱見鬼去吧

作著，我們害怕失去享受生活的敏銳性。我們憂慮著，時刻唯恐著傷痛與苦惱會剝奪自身的幸福。若我們的靈魂在日常生活中不能以真正的幸福去取代恐懼與焦慮的話，那麼只能尋求外部條件了，如濫用刺激藥物，給我們帶來生理上短暫的快感，但很無奈地只能說這是一條不歸路。

以前，很少有外物會讓人們獲得一種暫時的致幻感覺。現在，一些刺激著脆弱神經與墮落心靈與機能人為的途徑，大行其道。這是因為他們無法從心底自然地產生這種感覺。

我們時常可見人們往酒吧裡跑，尋求刺激，人們在俱樂部裡，總少不了一杯雞尾酒，大多數時候，嘴上多叼著雪茄或是香煙。

很多人總是在刺激著神經與大腦，讓自己獲得原先所沒有的感覺。他們總是想透過一些人為的途徑來強迫自己，直到將自己的精力消耗殆盡，在疾病來襲時，毫無抵抗力。

煩憂與焦慮是造成酗酒最重要的原因，任何能消滅煩憂、減輕焦慮，能給心靈帶來平和的事物，都是一顆飽受壓抑的人所渴望的。

數以百萬計的人喜歡到沙龍上尋求刺激，之所以這樣是他們認為這至少可以暫時地提升一下自己，從煩惱的事情中解脫出來，這樣也會有更好的工作狀態，但是，很少有人真正意識到，酒精、香煙、咖啡與藥物帶來刺激的不良後果。他們沒有意識到，自己必須要為這些興奮、刺激的感覺付出沉重的代價。人們沒有意識到，一瓶威士卡的功效，就是暫時讓通往大腦血液的神經癱瘓。因此，大腦需要更多血液的補充，造成血液的過剩，造成過度的大腦刺激，因此大腦多餘的營養隨著血液的循環流走，這種狀況必然伴隨著一連串的生理反應與心理上的沮喪。

這些都是為了強調一下，我們對快樂有著一種與生俱來的渴求，恐懼與憂慮對人有致命的影響。

為什麼一些功成名就的人，卻總難有幸福之感呢？

因為，我們沒有從自身中找尋最重要的原因。一個人想著從身外尋求本應在心靈中才存在的東西，這是多麼的可笑啊，一旦人們依賴於外物的刺激，那麼自身力量的泉源就會減少，當他拿下接收器，就難以從大自然的電流中感受到力量了。人是一臺靈性的機器，每個部件皆具有神奇的能量。只有當個人將信仰與真理的接收器與大自然的信號相連接時，機器才能全速發動。

大自然母親創造了我們，要我們用心創造、用愛生活，傾聽大自然母親的心跳，與這種永恆力量相通的時候，我們可以感到安靜與平衡了。安寧的背後，我們要懂得守護的責任，我們要驅趕任何破壞永恆法則，任何破壞健康與幸福的敵人，讓這些「盜賊」遠離我們，不能讓憂慮與不安像野獸一樣吞噬我們，留下滿目殘骸。

和諧是一種正常的狀態，正如上帝創造美妙的音樂一樣。

憂慮，毒害著血液，影響營養的吸收；不純淨的血液又反過來毒害思想，腐敗心靈。一天的愁眉苦臉比忙活了一週還要耗人心血。煩憂讓整個人坐立不安，有序的工作則讓人感到健康。「記住，不要憂慮」、「保持樂觀的心態，千萬不要焦慮。」醫生諸如此類的平常話語，在向普通的病人發出這樣一個資訊：憂慮所帶來的傷害是難以估量的，損耗我們的健康，我們應將它們視為一個詛咒！

許多誠實、善良與刻苦的人在奔波的生活中常感到痛苦不堪。讓大自然母親的子女生活得那麼艱辛，卻感覺不到絲毫幸福，多麼讓人扼腕嘆息啊。這背後，又有多少人知道，正確的生活才能讓所有人都感受到幸福呢？

英國一位著名的教授說：「晚上九點之後，絕不要去想任何不悅的事情，這已成為了我的人生準則。」

第十七章　讓恐懼和憂鬱見鬼去吧

「憂慮讓心靈抗壓能力減弱，」某位著名牧師說，「憂慮是一種疾病，這裡面沒有一絲道德可言；憂慮是一種精神上的短視，是一種純粹的小題大做，是杞人憂天的行為。」

憂慮是一種理智錯亂的表現。每天都需要服用一些藥物來提升健康的人，他們實質上已經失去理智了，那些渴望幸福，卻又沉浸於憂慮之中的人，心理無疑是失衡了。這與南轅北轍的故事是一樣的道理，也還有一種人，他們待在地下室，卻妄想看到天邊的彩虹，這是多麼可笑。總之，憂慮摧殘著我們的力量，我們甚至聽不到這種消極因素在我們身邊的咆哮！

瀕臨破產的人，千方百計湊足金錢，想讓自己擺脫企業倒閉的厄運，但每天只能從銀行取幾個錢，然後卻又愚蠢花掉了。這樣的人，你是怎麼看的呢？

憂慮者，你們可曾意識到，自己正在做一件極其愚蠢的事情呢？大腦的能量、創造力都是你的資本，你可以利用這些來規劃自己的生活，但在每個不眠之夜，你卻在憂慮著。時時刻刻的不安、焦慮、煎熬以及緊張的情緒，這些都消耗著我們寶貴的精力。充滿能量的大腦，強韌的神經，這些都有助於解決一切讓你困惑的事情，但是，許多人卻揮霍著天生的優勢，在茫茫的人生歲月中進行著無聲的自殺，而且現在再也不說是庸人自擾了，那些人一樣讓自己身旁的人感到不快，讓自己的家庭充滿著不和諧的因素。他們妄想著依賴身外之物給心靈帶來平和、安慰與幸福感，但這些都是偶然性極大的，將自己一生都傾注在一些不受控制的事物上，這種事情怎麼能去期待呢？

生命中某些東西不應被偶然因素所控制，而且更不應被意外所打斷。我認識一位憂鬱症的受害者，牢牢地被自己的心魔所桎梏，而這些本應在五分鐘之內就被扼殺掉的，所以說，很大一部分的痛苦都是自己的意識造

成的。人們理應有通往成功與幸福這一與生俱來的權利，造物者的子女並不會受制於任何的天意，絕非是上天裡某個「神」所掌控的一個個冷冰冰命運的玩物。相反的是，勇氣與樂觀都是我們意志力控制的範疇。它們保證著我們的安全，我們完全有能力主宰自己的命運。

世上沒有比憂慮這個魔鬼更可惡的了。我們雖不能決定自己選擇的結果，但卻可以控制自己的意志。

確實，有很多事情不經意間闖進我們的生活。很多超自然的狀態是我們所不能預見與逃避的，但一旦知曉了這些情緒之後，就可成為它們的主人，就可將最慘痛的經歷變成快樂的泉源。沒有比戰勝痛苦，克服悲傷更讓人高興的了。在這場勝利中，我們可以找到超脫於夢想與幸福的那種快樂。

我們必須要戰勝憂慮，這讓我們回到了與恐懼的一場歷時長久的鬥爭。我們似乎很早就向內心的恐懼下了這樣的戰書：「恐懼！你給我滾出來！」但在長時間的內心掙扎之後，我們仍不能衝破這座堡壘，未能將其從威嚴的位置趕下來，它仍在肆無忌憚地成為我們幸福的天敵。這個江洋大盜，總是在掠奪著人類辛苦積存起來的幸福，讓人沉迷於憂慮、不安、嫉妒與失敗之中，無法自拔。

我們是時候意識到，暴風雨般的進攻是難以趕它們下臺的，相反，我們必須不知不覺中建立比他們更強大的事物，為我們坐鎮。當恐懼糟蹋想像力的時候，這個強大的東西就必須以一種更為強大的方式去喚起我們的思想與感情，直到最後恐懼向我們俯首稱臣，正如我們之前無條件向恐懼稱臣。這應該是抗擊恐懼的解藥，他的名字就叫信念。

忠於自身信念的時候，我們就可看見恐懼從原先那張遠古的王座滾下來，我們不能用武力踢它們下來，而是要一點點地趕它們走，為真正主宰

第十七章　讓恐懼和憂鬱見鬼去吧

我們心裡的主人騰出更大的空間。當恐懼不再時，憂慮也將遠離我們，這兩個老仇新恨，這兩個幸福的天敵，都將化成灰燼。屆時，人們就會找到一種久違的自信感，可安躺於一種安全與自由之中，而這都是之前所不敢想像的。

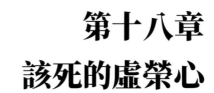

第十八章
該死的虛榮心

第十八章　該死的虛榮心

你是否曾為買一個名牌皮包而整月吃著泡麵？你是否曾吹噓自己，而狠狠地夜夜去排隊買票？你是否為了體面而去買一幢房子，背上一大筆貸款，成為房奴？醒醒吧，我們的虛榮心。

即使收入微薄，仍可享受家庭的溫馨，但虛榮的幸福總是消耗巨大的。當一心維持一個並非真正的表面形象時，花銷必然是高昂的。

不久前，一位寡婦在紐約的房子，還有其在法律上的其他財產都在拍賣會上被售賣。後來，人們知道了事情的原委：這位野心勃勃的母親為了讓女兒嫁入豪門，不惜一切代價去維持表面的形象，導致負債累累，不得不以房子作為抵押。人們發現，她欠了花店、酒席承辦者、女帽設計者以及雜貨店很多錢。在一段很長的時間裡，她都是入不敷出，卻死死地維持著一種謊言。所有這些都是為了讓自己的女兒能嫁到豪門，提升家庭的檔次。其實，這個家庭的收入也算是在中等水準，日子過得也還算是舒適，卻因這位母親錯誤的生活標準而毀掉，數千美元都揮霍在買帽子、衣服、昂貴的絲帶，還有各種飾物上。她覺得，這樣自己的女兒就可如其他年輕女人那樣閃耀了，但她卻忽視了一點，人家都是出身名門望族，家境豐厚，現在，這位可憐的母親無家可歸，而女兒也沒有找到自己的如意郎君。

正是這種超過日常生活的妄想、自私的做法，讓這位母親時刻掙扎著要以一種最不自然的方式來維持表象的行為，給自己的家庭帶來了不幸。為什麼人們要用這樣的欲望與悲慘來燒毀生活？人們為了一些表面形象在掙扎著，在攀爬著，讓自己成為一個奴隸。在大城市裡，人們不知道什麼是真正的樂趣，真正的生活方式。真正感到知足與快樂的人，可能是住在小城鎮上的一些人，他們對人生有些追求，沒有對金錢饑渴的盼望與無休止的欲望。

我認識兩對住在紐約的年輕夫婦，他們的生活過得很淒涼，因為無法進入所謂的上流社會，無法如他們羨慕的人那樣有著光鮮的穿著而鬱鬱寡歡，別人的舉止，他們無法去模仿，他們總是處於一種不安與憂愁之中，感覺自己要是無法給別人留下一些所謂的印象，就無法獲得內心的安慰。他們覺得，必須要為光鮮的表面作最大的努力，他們是別人想法的奴隸。

　　讓我們感到不愉快的並非是缺乏舒適與奢華，而是讓自己產生忌妒和豔羨的錯誤人生標準。

　　活在別人的眼中與觀念之中，想著都讓人感到無趣與難受，沒有半點自由，只有痛苦的折磨。我們知道這樣一點，全盤接受別人的人只會讓自己成為傻子，但我們還是費盡心思，殫精竭慮地想達到所謂上流社會的標準，讓別人看到並非自己真實的一面。

　　別人的眼光甚至比自己的想法更為重要，別人的眼光讓人歡喜、讓人憂，讓我們內心時刻掙扎，這都是我們為了維持表面的形象而付出的代價。

　　想方設法去維持一個虛假的美好表象，是這個時代的悲劇，這樣所導致的債務是不幸的最大來源，特別對年輕的已婚夫婦而言，更是如此。

　　在諸如紐約這樣的大城市，許多人認為自己一文不值，他們沒有足夠的經濟實力去維持自己在教育、禮儀、修養上相稱的表象。他們無法進入一些適合自身品味的圈子，也不屑於與一些被他們稱為「庸俗與缺乏教養的人群」為伍，他們感覺自己在這個城市的地位是高不成，低不就。

　　在我認識的一些住在紐約的家庭中，許多人因為自己所處的環境而時刻感到痛苦。我記得，一位職員的收入很低，但他與妻子都是受過教育的人，富於修養，有一定的品味，但他們微薄的收入在這個大城市中是難以為計的，因此他們不得不省吃儉用，以求住在富人住宅區的附近，他們幾

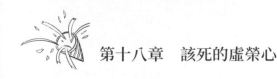

第十八章　該死的虛榮心

乎沒有錢去添置一些日用品之類的商品，更別說休閒的錢了。很多人會有這樣的觀念：認為賺不了大錢就是一種恥辱，人生的最大欲望就是能夠奢華地生活著，但最後這裡面又有什麼呢？生活中有著太多的欲念，加之暴飲暴食、酗酒與消沉，最後的結果只是那可憐的羸弱身體。

另一方面，很多人因為其錯誤的生活方式與過度的工作，在人生中所感受到的樂趣甚少，這些人通常在日常的家庭生活中的預算上又是那麼吝嗇的。他們總是斥責生活中哪怕一丁點的浪費，時刻提醒每個人不要有額外的花銷，讓每個人都過得很拮据。

我認識一個人，就因為家人在吃麵包的時候稍稍沾多了一點奶油或是多吃了一點肉就大發雷霆，讓其餘的家庭成員都害怕與他吃飯，他們捨不得買一雙新鞋子或是一套新衣服，害怕家長會因此大罵一頓，責問他們這樣做是否有必要。

一個吝嗇的丈夫最可惡的一點，是他們總是對妻子的花費進行嚴格的審查，將夫妻之間的基本信任與愛慕都剝削得一乾二淨，若是妻子買了一件不划算的東西，這些丈夫就會感到憤怒，讓她為此而感到難過。而事實上，他總是在做著各種愚蠢透頂的購買行為，帶回家的東西都是妻子認為完全無用的東西，花進去的錢實際上就是打水漂。

我認識一人，他很少關心一下自己的妻子，壓根不會去問她一下，家裡還缺什麼，或是給她錢去買一些她喜歡的一些傢俱或是小東西之類的，但是他卻喜歡在拍賣會上買回來各種低價的東西，與家裡的擺設佈置格格不入，但妻子也沒有吭半聲。他有時會貪便宜，買下某個作家的作品全集，但家裡的人都不願意去閱讀，妻子完全明白，若是認真挑選幾本經典書籍也比丈夫帶回家這些垃圾般的書更有價值。

「節約」一詞可能是被人們誤解與濫用最嚴重的詞語吧，這種情況特

別容易出現在家庭生活中，錯誤的「節約」對於家庭本應有的歡樂是一種致命的打擊。在一些家庭中，一昧地存錢已經成為了一種迷戀。許多本不需要的東西都被堆在小閣樓、櫥櫃與茶櫃裡，這都是些讓人討厭的東西，應當被棄置。

我仍記得，在一個家庭中，貧窮的生活讓克制消費的風氣占據上風，導致家裡沒有一絲應有的溫馨感，這樣錯誤的「節約」觀念讓每個拜訪之人都感到了一種顯而易見的痛苦。不久前，我到這個家庭享用晚餐，一個年齡只有六歲的男孩跟我說，他們這晚只有鯖魚，因為這種魚比其他的魚更便宜，他爸爸甚至在客人在場的時候，詢問桌上飯菜所要花費的金錢。

許多男人在結婚不久就任由妻子在縮衣節食中憔悴，而這都是為了省下一點錢，讓自己在外面有些面子。當這些人有錢之後，就會為自己的妻子感到羞愧，因為多年的節省、辛勤工作與克制，她們已經完全失去了原先的魅力，然後，這些男人就會說，他們並不相稱，只有離婚才是唯一的解決之道，他們會再娶一個年輕貌美的女人，一個能在社交場合閃耀的女人。

《州長夫人》是最近一出根據現實生活而改編的戲劇，該劇就深刻地反映了這一點。在華盛頓，我看到很多在社會上有頭有臉的人，出入議會或是受到政府重用，但他們的發跡卻是透過家庭近乎拮据的節約，最終才擺脫貧窮，擠身上流社會，在這個奮鬥的過程中，妻子在背後的付出絕對要多於丈夫。我在一個公共聚會上見到這些人，他們都好像不大情願向別人介紹自己的妻子，甚至要刻意迴避，他們只想與更年輕與更貌美的女性在一起。

不久前，我在一次餐會上，遇到一位百萬富翁，他也是從一無所有到出人頭地的。他的妻子幫助丈夫從事業的危機中站穩腳跟，但她在這個奮

第十八章　該死的虛榮心

鬥過程中犧牲了姣好的容貌和優雅的體型，其品格可見一斑。可憐的是，她現在卻完全缺乏了一個女性的魅力，再也無法吸引這位自私的男人。這個富翁衣著光鮮，其本身的體格也不錯，容光煥發，充滿活力，他總是專注於與更為優雅的女士聊天，不時開懷大笑，根本沒有時間去介紹自己那位可憐的妻子。他的妻子坐在一個默默的角落裡，如一個局外人，衣著平淡，深知多年來辛勤工作與節省讓自己失去了當年迷倒丈夫的魅力。在整個餐會上，這個人只向別人兩次介紹了自己的妻子，而且都是一句帶過，非常的敷衍。

外人很難想像，這個毫無魅力的女人竟然是餐會上英俊、充滿魅力男人的妻子，他們更不知道的是，這個男人從不喜歡工作，也不想努力工作，只是讓自己的妻子去打理事務，自己則輕鬆自在地活著。

我是偶然得知這個人的發跡史，可以說，他之所以成功，大部分源於其妻子的精明、勤勞與自制，而非其自身的能力。他讓妻子去打理生意，去精打細算，現在有錢了，他的妻子就被晾在一邊。他乘坐豪華汽車在各地來回穿梭，因為出手闊綽，非常受歡迎，與之相成對比的是，那位缺乏魅力的妻子，基本上都是寂寞地待在家裡。

這就解釋了他如何保持其魅力與旺盛精力，以及為什麼現在還處於事業的巔峰期。當他正要享受自己的所有時，妻子卻儼然成為了「陌路人」。

妻子那一張蒼老憔悴的臉，雖然年齡不是很大，但早已風韻不存了。這位妻子沒有一絲自私之心，極具奉獻精神，一心想著幫助丈夫出人頭地，殫精竭慮，壓根沒有心思想著如何去保養容顏，她願意耗盡自己的一切去幫助他，但他卻不感恩。因此，丈夫的自私與吝嗇讓她的幸福及安享晚年的可能性岌岌可危。

在這個危險的時代裡，家庭處於一種進退維谷的狀態 —— 可能會被拜金的社會風氣或是被一毛不拔的吝嗇家庭氛圍所撕裂。若他們不能駛出風暴，走進快樂、簡樸之中，駛進平靜的大海，那麼家庭幸福是很難找尋的。

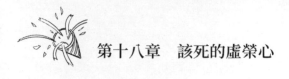 第十八章　該死的虛榮心

第十九章
給無休止的欲望裝上開關

第十九章　給無休止的欲望裝上開關

許多人犧牲家人、朋友、健康，只不過是為了追求內心貪婪的欲望，欲望是無止境的，我們應該知足於自己現在所擁有的。

「當我們貪厭不足時，
無論多或少，都將失去。
何故總是渴盼，總是感嘆著
遠方可望而不可及的東西。
而美，就在我們的腳下，
吹奏出低沉、永恆的讚歌。」

普通美國人駕車高速穿越眼前溜過的美景時，覺得這才是真正的生活，這是真正有價值的東西。當然，他們也會不時環視四顧，匆忙地瞥一眼山峰，但魅力的山谷、壯美的落日或是鮮豔綻放的花朵，這些卻與他無緣。

每次經歷的細節，人生細膩的情感以及所有有價值的東西，都因我們活在如此快節奏的生活中而失去了對它們的從容欣賞。我們沒有閒心去觀察事物，去欣賞，去享受，沒有時間與朋友談心，整顆心只是專注於機械式的工作以及前方的道路。

我們就像乘快馬送信的人，沿途一路疾馳，我們卸下包袱，只是為了背負更為沉重的。在人生旅途的跋涉時，總是不斷在一匹疲憊的馬匹與另一匹之間不斷轉換。

身形佝僂，白髮早生，如鉛的步伐，狂熱的想望，這些都是美國生活的特徵，不安與不滿成為腐蝕心靈的一種慢性病，也成為這個時代我們國家的一大「特色」。

這種忽視生活細節的奮鬥，絕非生活的本義，而是一種狂熱，一種疾病。我們卻往往美其名曰：美國式的過度神經緊張。這樣的態度，跟幸福的距離是非常遙遠的。

當別人問及奧利佛・溫德爾・霍姆斯，為何能在八十高齡始終保持旺盛的精力時，他回答說：「這要歸功於『一顆歡快的心以及在每個人生階段都堅持的不變信念』，我從未感受到欲望的衝擊。」事實上，正是焦躁、欲望、不滿與憂慮讓我們未老先衰，在臉上刻上一道道皺紋。在一張時常微笑的臉上，皺紋是沒有生長的土壤的，笑容就是最佳的身心按摩，知足是年輕的泉源。

狂熱的欲望是所有具有醫德的醫生都會斥責的，因為其特徵就是一種自我主義與虛榮。最為明顯的是，在這種欲望中，聲名、別人的讚許、世人的認可、財富與個人私欲的膨脹，這些都是他們所尋求的，而不是想著要在世上有所作為，為人類作點貢獻，成為一個有點精神的人。

「不孜孜於財富的聰明人，對自己現狀感到滿意的人，這就是快樂的人。當減輕了對財富的渴求，他就成了富人中的富人，讓自己快樂起來，他就成了強者中的強者。於他而言，新千年美好的曙光彷彿已掛在地平線上。」

莎士比亞曾說過：

「皇冠在我心中，不在頭上，
沒有珍珠與印第安寶石的裝飾。
這些都是肉眼見不到的。我的皇冠叫知足。
這頂皇冠，真正享受的人沒幾個。」

我們不時會遇到一些人，他們擁有豐富的情感，堅強的原則和優雅的心靈，這些特質都是金錢所買不來的，即便是富人，也要羨慕他們幾分。儘管窮人們物質上匱乏，但他們心靈卻倍感豐富，心滿意足。真正有價值的東西，富人擁有極少。對此，富人們會困惑一點，就是為什麼自己就買不到幸福感呢？他們想從環遊世界中尋求一種幸福感，卻感到心靈的貧瘠

第十九章　給無休止的欲望裝上開關

與空虛，他們中的很多人難以從所擁有的物質中享受到樂趣。

我認識一位貧窮的婦女，她在世上擁有的東西極少，但從她口中描述的秀麗山川風景，海邊、日落、花朵的美景，這些都是一番極為有益的經驗。她有一雙慧眼，能發掘散落在我們周圍的大自然美景，這一切很多人卻熟視無睹。生活中的很多瑣事，還有那許多人認為不值一提的尋常經歷，對她而言都具有某種深意。從中，她能獲得無窮的樂趣。

你是否有停下來想想，此刻自己是否真實地活著，按照自己的理想在活著？抑或是深陷在以往一成不變的生活軌跡之中？

審視自己想要獲得的東西，然後緊緊地掌握住這種心理情景。冥思一下，你能感覺到大自然母親的呼吸，感覺到自己沐浴在和煦的陽光之下嗎？單是這種意念，就會給人一種平靜與滿足的神奇心境。

讓生活追隨自己的思想，讓心智沉浸於某種思想之中，將整個生活與此同奏。長時間沉醉於美好、高尚與真理之中，將讓我們的性情更上一層樓，我們的理想與期盼都將在生活中得到彰顯。

許多人不是從日常的工作與閱歷中找尋屬於自己的幸福，而只是盯著未來，希冀未來某天與某種狀態，自己可以完全處於某種幸福狀態之中，但這都是徒然的夢想。時間一過，就永難尋覓。

在今日找不到知足與滿足的人，在陽光與雨露的祝福下仍連連錯過的人，將難尋通往天堂的道路，只能在抱怨聲中鬱鬱而終。

在家中、在商店、在工廠中，我們所做的那些日常工作，甚至是一些瑣碎的事情，這些都構成了生活以及我們存在的意義。轟動一時的尋常事並不會如日常生活的小事那樣影響與塑造著我們。

不知究竟到什麼時候，人們才能意識到，我們苦苦尋覓的幸福其實是最為平常的，我們只需一步一個腳印，沿著正確的道路前進，就可達到。

這個過程一如數學問題的答案源於科學步驟的演算。

但不少人總覺得，快樂是可以尋找到的，正如找尋金子一樣，當然，他們也要明白這需要很大的運氣成分。

時至今日，仍有一些人認為，幸福就是諸如吉德船長所擁有的財富一樣。他們將健康的身體、知足的心境、溫馨的家庭這些幸福因素統統都揮霍掉，卻狂熱地尋找一種神話式的「金礦」。

無疑，欲望擋在人們通往知足與幸福的道路上，這導致一種錯誤的決心，我們老想去做別人所做的，老想超越別人，老想過上別人那樣的生活，老想擁有跟別人同等的財富。這種決心實際上是我們無限膨脹的欲望，是我們通向幸福的天敵。

我們總是渴望去做別人已做的事情，其實並非內心想做，並非這會為自身幸福與快樂增添半點，更非這件事有真正存在的價值，完全是因為被膨脹的欲望驅使著我們把別人比下去。這種錯誤的欲望的主要成分是自私，一種要把別人比下去的思想，他們想超過別人，比別人生活得更好，擁有比別人更好的家，在城市中更好的區位中有一所最好的房子，讓自己的孩子比同齡人吃穿得更好，讓自己發散出豪華的氣息，但到最後，人們也會不禁後悔，這些真的有用嗎？真的就那麼值得去追求嗎？不斷地成長，不斷地拓展人生的深度，不斷地豐富自己的人性 —— 這才是真正具有價值的。哪怕只是為社區多作點貢獻，這也是真正的理想，已經足以讓愚昧無知的陰霾遠離我們。每天想多一點點，愛多一點點，更加堅定自己的信仰，做一個有用之人！擁有這樣的思想，才能帶來知足與真正的快樂。

我們到處可以見到一些心智發展不平衡，一些執意去堅持錯誤，違背人之善良本質的人。他們心中只是急著將別人的錢放進自己的口袋，他們的社交能力與審美功能早已枯萎。

第十九章　給無休止的欲望裝上開關

當一個人狂熱於虛榮或者是遙不可及的夢想時，還有什麼是不敢去做的呢！許多人為此犧牲了家人、朋友、健康，只不過是為了追求內心熊熊燃燒的火焰。這種時刻想望著更多欲望真是欲壑難填啊，真的是太可怕了！

我們隨時可見那些身體機能由於貪婪的欲望而變得僵硬的情形。貪欲，就好似八哥在時刻在叫喊著「更多，更多」，讓原本高尚的願望變質，讓原本優雅與敏感的性情黯然失色，直至對所有的美感、所有的真實細節麻木不仁為止，毫無反應為止。

看到人們被一個個貪婪的欲念緊緊拴住，這是多麼可悲的情景啊！當人成為自私和拜金的受害者時，實際上，他們已經與人生所有的美好東西絕緣了。世間的壯美與深幽，光榮與夢想都無法進入他們的心靈。所謂能激起其欲望的，都只是聲色犬馬的欲望罷了。

我們總是一昧地欺騙自己，未來的幻象看似快要成真，自私的欲望好像快要實現。我們忽略了此時此刻，卻在錯誤的道路上快馬加鞭。這樣的情形之下，我們自然無法全身心地享受眼前所有。

我們有什麼理由去確信明天就一定比今天更美好呢？為什麼要讓明天的幻象蒙蔽雙眼，讓我們無法看到今天的美麗呢？為什麼我們要讓想像中的歡樂去掩蓋當前的樂趣呢？我們肆意地糟蹋著紫羅蘭與雛菊，卻想著明天從樹上採摘更碩大的花朵，這可一點都划不來。

一些人堅持抱著自私的欲望，想像當欲望實現之後，就可獲得心靈上的平靜，這是多麼可悲啊！因為，當一個欲望滿足之後，更大的欲望仍舊會膨脹起來。自私的欲望是駛向深淵的指路標，追隨此道的人最終必然會粉身碎骨！人們在瘋狂追逐這些虛幻目標時，付出的代價是多麼沉重，造成的悲劇多麼慘痛啊！

有些人似乎認為，快樂是可以買來的。他們的確可以買來滿足獸欲，但這種廉價的精神刺激和精神愉悅，是相當低級趣味的，根本不可能與真正的快樂和幸福相媲美，但是他們卻將這種感官愉悅視為某種幸福。

沒人能夠用錢買來真正的幸福，無論是窮人還是富人，你得到幸福的途徑都是一樣的。

世界充溢著幸福，假如我們願意抓住眼前的一切，總是有很多發展空間的。

許多人在自私地找尋著幸福，想去尋找一些能讓生活更為舒適的東西，他們試圖讓不安的情感或不良的情緒在某種程度上得到緩解。不少人認為，幸福是源於一種欲望滿足的快感，這是錯誤的，這種幸福只是一種短暫的幻象。欲望的滿足總是伴隨著某種反應，不斷刺激著更強的欲望滿足，讓他們陷得越深。即使這些人筋疲力盡時，他們欲望依舊，這種獸性的欲望是永遠也無法填滿的。

我們經常可以看到有些人在大吐苦水，埋怨自己沒有受到生活的一絲恩惠。在他們眼中，生活成為某種必須的掠奪，而非盡心的培養。正是這種圖謀著從生活中最大限度索取的欲念，讓人們變得貧瘠。真心投入生活的人才能成為最大的收穫者。有些農民沒有太多欲念，專心去播種，然後抱著期待的心情看看有啥收穫，就是這些致力於生活的人才能獲得豐收。

正如上面的例子，我們不能到處抱怨，覺得在生活中一無是處，覺得這個世界對自己沒有一絲的恩惠。想要收穫的話，從現在開始，投入於生活之中，越多越好，將愛與知足投入進去，將樂觀與無私的服務投進去。

除非你有一顆感恩的心，一顆誠心去感激造物者的賜予，否則，你的不滿可能是純粹的自私。生活中不可能沒有一絲值得感恩的事情，感恩的習慣是通往成功與幸福的最重要資產。

第十九章　給無休止的欲望裝上開關

早上起來對自己說：「感激上帝賜予我新的一天，賜予我的所有。」這種暗示是一種自我暗示的力量，接下來，你甚至可以安心地對造物者說：「自己不會對所處的環境滿口怨言，我只會尋求力量與指引去改善。」

真正的幸福是需要培養的，需要發展我們心靈中最高級的東西。自私永遠都不可能帶來快樂，因為它沒有一個原則，時刻在變。貪婪的欲念總是引領著我們遠離幸福。若想找到幸福，就要有一顆純真的心，清明的心智，高尚的目標，無私的目的，為別人的福祉做出點事情來。

假如前路顯得一片暗淡，看不到半點曦光，沒有一條通道可走，切莫認為「前路無知己」了，切莫以為自己就無法表達自身的神性了。這只是因為你暫時受困於一成不變的環境之中，看不到逃離的前景。我們要時刻充滿勇氣，堅定信仰，一扇門的關閉往往意味著另一扇的敞開。

正確的心理態度是一塊強有力的磁鐵，無論你想做什麼，或是想要成為什麼，都應當確信自己是行的，你能成為自己想成為的人。假如你想擁有健康與強壯的身體，旺盛的精力，富足而非貧窮。那麼，記得時常提醒自己：「我很好，我活得很富足。我的人生很如意。因為我懂得謹守自己的原則。」

若總是沉溺於自己的不幸與悲傷之中，訴說的全是不滿的言語，他們又怎能獲得幸福或是滿足呢？消極的態度不可能產生積極的反應。有什麼的想法，有什麼樣的人，我們的心理狀態是思想邏輯的一個結果。我們所能獲得的唯一幸福，就是自身思想科學運行的結果。若你對自身的幸福不滿，只需細細分析，就可發現這是完全正常的。這只是一種結果，一種科學的產物，一種經驗與行為的產物，所以當你感到不滿與悲慘的時候，最好往自己身上找找原因，問題都是出在自己身上的。當你使用了正確的方

式去找尋真正的幸福，就一定能找到想要的，正如你遵循數學法則演算時一樣，你必定能得到最終的結果。

若自己不能將幸福駐於心間，幸福對你而言也是踏破鐵鞋無覓處。在歷史上，有很多人終其一生都在絕望地追求著幸福，但卻始終無從找尋。這樣的例子實在太多了，但也有很多人沒有深究這個問題，只是專注於自身的職責，為家庭與深愛之人提供保護，讓他們的生活更為舒適、輕鬆。這些人會驚訝地發現，幸福來敲門了。

查理斯·達德利·華爾納說：「人們在追求與生俱來幸福的過程之後，最為可悲的是，許多人將之理解成對財富的追求，並且心中只有這個目標，直到自己賺夠了錢。若他們最後幸運地賺夠了錢，就會驚訝地發現，幸福已經離自己很遠了。總之，他們並沒有培養一種給自己帶來幸福的能力。」

像查理斯所說的一樣，我認識一人，他已經在工作領域中取得非凡的成就，卻時常感到不滿、不安與焦躁，他總是將自己與更有成就的人或更有錢的人來相比較。看到別人的步伐更快，生活更舒適或是擁有更高的名聲與榮譽時，自己就會惱怒不已。他的眼中緊盯著別人的成就，對自己所擁有的卻熟視無睹，覺得自己所處的地位無足輕重。

他有一個理想的家庭，擁有一個優雅的妻子，聰慧的孩子，雖然房子不像鄰居那麼奢華與舒適，但卻有很多自身的優勢。他有一副良好的體魄，健康與和諧的家庭，而他似乎根本沒有察覺到這一點。

他的雙眼總是盯著未來和遠方，注視著別人的舉動及別人所擁有的，卻不會試著欣賞自己所有的。他總是處於一種自責的心態，覺得自己工作不夠努力，無法前進得更快，儘管他總是在過度地工作著，根本沒有時間去培養友誼與享受悠閒的社交生活。

第十九章　給無休止的欲望裝上開關

　　若能稍微分析一下，在幾個月內，他就可以完全改變自己的心理態度，全然改變之前的人生態度。假如他每天能停下來幾分鐘，清空心靈中羨慕與嫉妒的想法，洗滌心中所有冗雜的欲念，試著享受自己所擁有的，而非總是想著別人所有的。假如每個清晨，他能為自己擁有一個快樂而和諧的家庭、美麗的妻子、一群茁壯成長的孩子而感到滿足的時候，不再為遇到一些家庭問題，諸如無聊的妻子、愚笨的孩子苦惱時，那麼他就會感激上帝的恩賜，覺得自己是世界上最幸福的人。這時他就會處於一種相對快樂的環境，擁有一種欣賞的能力，別人所擁有的，也將失去原先的吸引力了。

　　許多人錯過了原本屬於自己的歡樂，總是將眼光放在別人身上。在嫉妒別人時，焉能享受快樂？我們對日常生活中的歡樂不加體味，人生也就失去了許多樂趣了。不要總想著追求屬於別人的東西，否則，自己相比起來並不豪華的汽車只會讓你如坐針氈。

　　這樣的比較，將家庭生活的歡樂破壞無遺。當看到鄰居那如宮殿般的住宅，別人有豪華的旅行車與遊艇，而我們只能騎車遊鄉村或是坐著船航行，根本感受不到半點滿足感。生活讓每個人都擁有自身的幸福。如果我們能珍惜自己所擁有的，不要一昧幻想著別人所有的，幸福就要來敲門了。

　　不知有多少人就如生長在田野雛菊旁邊的毛茛。毛茛對雛菊感到不滿與妒忌。它說：「雛菊瘦削且高大。」它總是希望自己能在頭上長些花邊之類的東西，但一隻飛過來的知更鳥在聽到了它的嘆息之後，對它說，這種想要做別人的想法是多麼愚蠢與可笑。它說：

　　「勇敢地昂首向天，知足於自己所有。
　　上帝願意看到毛茛，在其原先生長的地方成長。」

滿肚子牢騷的人就好比音樂中的雜音。

勞勃‧伯恩斯[64] 對快樂的人定義是，當擁有極少時，仍然感到無比快樂。

「知足於自己所有的吧。」這位傳道者說：「知足為我們的幸福開闢了廣闊的空間。」

意志的力量，心靈的震撼，接受的生活方式，對事實與經驗的解釋，這些都是決定我們能否享受人生或是失望而終的決定性力量。

64　勞勃‧伯恩斯（Robert Burns, 1759-1796），蘇格蘭農民詩人，在英國文學史上占有特殊重要的地位。

第十九章　給無休止的欲望裝上開關

第二十章
傷害別人你得到了什麼

第二十章　傷害別人你得到了什麼

一個在工作中或者朋友中表現得彬彬有禮、性情和藹的人，在家中卻脾氣暴躁、尖酸刻薄，一天天地傷害自己最深愛的家人。

對陌生人，我們周到體貼，
為不期而至的客人綻放笑臉。
但對我們最深愛的人，
卻滿口尖酸刻薄之語。

你是否見過美國家庭中的那一群自私鬼 —— 一個在俱樂部或是商業夥伴中表現彬彬有禮、性情和藹的人，在家中甩掉原先那副面具，覺得沒有必要再去克制自己與注意言辭。他備受壓抑的情感不加掩飾地爆發出來，傷害家裡人的心，就像一頭髮了瘋的公牛，衝進民房，四處搗亂。

我們肯定都見過這種人，在社交場合上文質彬彬的，一回到家，卻變成了自私之人。

這種美國式的自私之人實在是很有趣。我見過一個人，明明在家裡火冒三丈地發著脾氣，但一旦門鈴響了，馬上就換了一副臉孔，即時變得如綿羊一樣溫順與謙恭。可笑的是，他們的脾氣及門鈴之間倒似乎有某種神奇的關係。

當這些人覺得要爆發的時候，若有人來拜訪，也會登時平復下來，這種強大自我控制在很大程度上是一種虛榮與自我驕傲的表現。假如來訪者看到在門鈴響之前的種種行為，這些人會羞愧得無地自容。

在一些家庭中，在整個晚間就餐的時候，各個成員神色憂鬱，無法變得稍微可親一點，而在社交場合或在商業貿易時，即使出現了一些錯誤，他們覺得也有必要去克制自己，仍舊保持原先的風度，不想讓朋友看到自己卸下面具後的樣子。在這方面，他們有著很強的驕傲與虛榮心，但一回到家，則認為完全沒有必要讓自己變得可親，覺得有權利去做自己想做的

任何事情，讓自己卑劣、讓人反感的習性全都釋放出來，根本不想著去克制與控制自己。

夫妻間這種缺乏交流的沉悶是家庭快樂最常見的殺手。男人們更趨於自私，對一些家庭事務頗為冷淡，需要被喚起一種家庭的溫馨，可提的是，婚姻本應讓雙方之間都能獲得快樂。

「一些妻子不知道如何為丈夫提供更好的陪伴，最後只成其幫手，而不是知心愛人的角色，但是，如果放任這種軟弱的思想蔓延，就會有更多自私的男人只懂得索取，而不給妻子一個親密陪伴的機會。」約翰·洛根小姐說道。

妻子們希望能得到傾述，得到理解，渴求得到親密陪伴，但這是一般男人所難以理解的。一個女人在充滿暴力以及缺乏相互理解交流的冷漠下，根本無法正常生活，恰如沒有了陽光，玫瑰也無法展現其魅力與散發芬芳，這就是為什麼許多妻子從別處找尋從丈夫那裡失落的情感與憐憫。

有些男人認為，只要不對妻子惡語相向，為其提供衣食住行，她們就該感到滿足了，但是我的朋友們啊，這可絕不能讓自己的妻子獲得應有的幸福！

人們時常會看到，一位美麗、樂觀、充滿活力的女人在結婚不久之後，大家都往往感受到她在性情上全然的改變。這是由於在家庭生活中受到丈夫不斷的壓制，妻子受到的不是一些尖酸的批評就是一些無理過度的要求，妻子自我的表達途徑被堵塞，總是處在一種批評與沉重之中，原先的性格都被泯滅掉了，直到最後失去了自然與自發性，這樣原先讓人喜愛的人，最後卻剩下了一種不真實的感覺。

結婚之後，妻子們容顏不再，美麗與魅力在逐漸消退，對鏡梳妝知枯槁，那是年輕的感覺消失的痛楚，那是感覺不到活力的無力之感，她們處

於一種冷冰冰、缺乏愛的環境之中，原先美好的憧憬被殘酷地扼殺。面對妻子們的可憐，男人們又有任何反省呢？

有人告訴我，他在朋友家住了一段時間之後，沒有看到丈夫對妻子表現出半點溫存，儘管妻子在各方面都做得很好。

在過去的二十五年裡，丈夫一直都是冷漠的態度與冷冰冰的臉孔，根本不理會妻子過得開心與否，讓她在這種缺乏愛的悲慘環境中度過來。在漫漫的一年裡，他從沒帶妻子到任何地方，幾乎也從沒一起出過門，他似乎覺得，妻子是不需要出外逛逛的，度假或是讓其生活有某種改變的，當他去旅行時，往往是一人或是與自己的好友，從沒有想過自己的妻子。這種人也不能稱為不友善或是殘忍，他只是對自己的妻子冷漠，讓她無法感受到半點關愛。

對女人而言，冷漠比殘忍更可怕，冷漠的丈夫偶爾給予一點點溫存也能溫暖她的心靈。全然的冷漠對女人敏感的心來說，是一種巨大的摧殘。

冷漠與殘忍都是自私最顯著的表現。在家庭生活中，更不為人關注的，也許是許多男人錯將自愛看成是對妻子的愛，這是家庭不幸的源頭，他們只想著自身的舒適、欲望的滿足，毫不顧忌妻子的感受。

這樣的男人並不認為自己在家中是自私的，反而覺得自己很慷慨。因為他們總是專注於自身的欲望，只是偶爾想到妻子，而真正最高層次的愛，往往都是與自身無關的。

值得慶倖的是，在這個世界上，女人的愛並不像男人那麼自私與自我主義，否則人類的文明將退化到野蠻時代。

當妻子為了丈夫放棄了一切，丈夫應該要懂得感恩。戀愛期間，他總是想盡一切辦法表達自己的愛意，表現出慷慨與富於愛心，一旦芳心俘獲之後，就再不願想到要送給她這些表達愛意的小東西了，更多的是冷漠、

霸道與吹毛求疵。兩相比較，反差極大，讓女人不禁感嘆嫁錯郎的悲劇。

很多男人在追求自己心儀物件時，總是含情脈脈，關懷備至，但到手之後，卻又總是那麼的冷漠與不在乎，這似乎有點不可思議，但這卻是很多男人的真實寫照。

男人的浪漫止於婚姻，正如獵人的興趣在其扣動那一致命的扳機時，他們的浪漫自結婚開始時就從內心消失了。

在一些已婚夫婦的家中，時常可以感受到丈夫對妻子嚴重缺乏關愛，將其視為一個僕人而非相濡以沫的生活伴侶。若是妻子偶爾感到身體不適或是感覺不好，他也不表現出一絲同情，反而會覺得這是一種挑釁，說些風涼的話語。

丈夫從來沒有想過要去減輕妻子的負擔，或表現出任何特殊的關懷，甚至還缺乏基本的禮貌，他覺得沒有義務去培養孩子或是操持家務，不想讓這些事情來打擾自己。

他寧願在社交場合渡過一個個夜晚，或是與一些自認為比妻子更富魅力的女人混在一起，在這裡，他花錢如流水，但對妻子，卻是一個守財奴，精打細算著一分一毛。

這樣的男人厚顏無恥與別的女人鬼混，甚至帶到自己的家中，壓根不管妻子內心備受煎熬，居然還要她們熱情大方地接待他們，盡量表現出友善。良心何在？

若是世間有最值得憐憫的人，那就是一昧付出愛意與犧牲，但卻只換來丈夫冷漠對待的妻子。

男人在一段浪漫的追求之後，將一個原本生活幸福、漂亮、善良充滿活力的女人娶過門，之後，卻讓她的精神備受打擊，用冷漠、自私去對待她的愛意，摧毀她的幸福，這難道不是一種讓人髮指的行為嗎？在女人的

第二十章　傷害別人你得到了什麼

生活中，還有比親眼看到美好婚姻或是幸福的生活夢想被其愛人以冷漠、無情地擊碎導致的更大失落嗎？

　　嫉妒與猜疑毒害著家庭和睦的氣氛，在造作的環境下，不可能存在真正的家庭歡樂。年輕的夫婦從一開始就應下定決心，永遠都不要讓陽光在憤怒之中落山。戀人們時常會幻想，之後他們的生活中都不會出現什麼爭吵，但事實上，許多夫妻都會有爭執，但他們要遵守一個原則：在上床睡覺之前，一定要有和諧的心態，那麼小的爭吵也就瞬間過去了，若是有什麼心態失衡，也要在睡覺之前化解掉，若是對方說了一些傷害對方的話語，必須要坦誠相告，尋求對方的諒解。這必須在他們的頭觸到枕頭之前就要做到。

　　有人說：「我們太容易就覺得被人傷害了。」很多夫妻在討論一些無關緊要的問題時，常常發生口角，丈夫出門時，忘記了給妻子的一吻，讓她整天悶悶不樂。這是何苦呢？丈夫難道忘記了妻子就是自己當年日思夜想的西施，而妻子也忘記了丈夫就是當年自己眼中的潘安嗎？為了一些雞毛蒜皮的小事，卻惡語相向。瑣屑的小事真的值得為它去浪費一天歡樂的心情嗎？這是多麼無趣啊！只消停下來想一想，就會為自己感到羞愧，希望尋求對方的原諒。我們應該主動去創造陽光，而不是為了一些小事耿耿於懷。

　　已故詩人瑪格麗特・桑格斯特[65]下面的詩句可稱真知灼見。

　　「若在清晨，我已知
　　這一天會多麼疲乏。
　　當你離開時，我所說的惡語
　　讓腸子都悔青了。

65　瑪格麗特・桑格斯特（Margaret Elizabeth Sangster, 1838-1912），美國詩人，作家，編輯。

親愛的，我會更加小心翼翼，
不給你帶來無謂的傷害。
但卻仍在表情與語調中困擾自己
惡言如覆水，永遠難收。
寂靜的晚上，
你會在我的額際上，
印下一個淡淡的親吻。
但我心中有愧。
心中的痛楚，請你消停片刻！
多少次，早上出門，
晚上卻不想歸來。惡語直讓人心兒破碎。
悲傷難以消弭。
對陌生人，我們周到體貼，
為不期而至的客人綻放笑臉。
但對最深愛的人，
卻滿口尖酸刻薄之語。
啊！嘴角的弧度已然不耐煩了！
啊！額頭佈滿了鄙夷的陰翳。
若是晚上無法消除早上的傷痛，
命運也著實太殘忍了！」

　　兒子在母親的病榻上失聲痛哭。「你是世上最好的母親！」母親是寡婦，含辛茹苦地養大孩子。她做過洗衣工與檫地板這樣卑微的工作，一心只想讓兒子上大學，但這卻是她多少年來第一次聽到兒子親口說她是一個好母親，她那將要睜不開的眼睛看著兒子說：「約翰，你為什麼不早說呢？」

　　想想，若是兒子之前就對母親的愛表現出感激與敬意的話，這位可

201

憐與辛勤的母親將會多麼的欣慰啊！她那張愁苦與憔悴的臉將多麼自在舒展啊！

「在人們活得好好時，舉行一場虛擬的葬禮，對人而言，這是多麼的富有教義啊！」珀金斯小姐感嘆道。從一個葬禮歸來，想像著若是這位可憐的布朗女士聽到牧師的佈道：可憐的靈魂，她生前從不敢奢望自己會獲得這麼多的讚美。當她聽到這些讚美之詞，會有多麼的感慨啊！

「布朗女士時常感到沮喪。你們看，這都是因為迪根·布朗先生所致的，他總是一昧地責備著她。儘管我認為他並非惡意的 —— 這只是他做事的一種方式而已 —— 但這卻讓人感到極為痛苦，當事情搞砸了，就覺得這是妻子故意為之。」

想像一下擁有六個孩子的母親，每天都要熬夜縫紉、洗衣、清潔家裡，這些都是要她一人獨立去完成的，她默默忍受了多少苦楚。試問一下，一個男人能在這麼單調的環境下忍受多久？整天待在公寓中，基本上不外出，生活顯得那麼孤寂，沒有色彩。試問，誰還能在這樣的環境下歡樂起來呢？待在家裡幾天都是男人們所能容忍的極限了，特別是在自己休息的時候，要忍受病兒不時的打擾。

男人們很少會意識到，自己正是女人的凋謝、容貌盡失與鬱鬱寡歡的罪魁禍首，當她從早到晚像奴隸一樣地工作，為整個家庭忙裡忙外，這些都是妻子願意為丈夫去做的，絕不是她非得要以自己的健康與容貌為代價，失去對生活熱情的原因。沒有比單調與繁重的家務更讓女人們憔悴與憤怒，更讓她們的生活枯萎的了。男人們在白天的工作中富於變化，但是妻子則像奴隸一般忙活著，缺乏生活變化的調劑。教她如何為孩子、到訪的客人與朋友營造一個愉悅的家庭氛圍呢？

一年三百六十五天中，妻子每天都在忙活，做著家庭的清潔工作，縫

補衣服或是照顧孩子的家務 —— 這些工作的無聊與單調都是極易讓人衰老的。

相對而言，丈夫的工作則是富於變化而且有一定彈性的，足以讓其獲得精神上的愉悅，但對妻子而言，這卻是一項單調、沉悶、痛苦與無趣的「苦役」，而身兼妻子與母親的雙重責任，她應該是家庭快樂的泉源所在。

許多男人回到家裡，時常變得暴躁與滿腹牢騷，只因覺得妻子並不如想像中那麼充滿活力與樂觀，但在一天傷透腦筋與繁忙工作之後，她又能怎樣呢？身為丈夫，他有做過什麼去讓她感到更加愉快的事嗎？在過去一年中，他有帶妻子出外旅行或是吃頓晚飯嗎？上次他帶妻子出去旅遊又是多少年的事了？有多久沒有送給她一束鮮花、一本書或是其他的小禮物，告訴她自己是多麼多麼深愛著她？他是否有放棄一些社交活動，待在家裡，幫助妻子照顧小孩，或給家庭帶來更多的歡笑？

在晚上，每個家庭成員在耗得筋疲力盡時才聚在一起，這個家庭是不容易的，而此時孩子在學校上課或玩耍了一天都累壞了。父親這天遭遇不順，可能在辦公室、商店或是工廠裡諸事不順，可能因員工的粗心大意而生自己的氣，而他的同事可能也因早上出門時家庭的爭執而心情不佳。商場日益激烈的競爭，經濟的拮据，這些都是他在白天所要憂慮的，這也導致了他在晚上沒有心情為營造一個溫馨的家庭去努力。

除此之外，丈夫在家中並沒有表現出同樣的克制。白天工作時，因為許多雙眼睛盯著他，他至少能讓自己顯得體面，自我感覺與虛榮讓他不能成為別人眼中的笑話，但在回家之後，在自己的屋簷下，他會自問，都在自己家裡了，為什麼還要克制，為什麼不做自己想做的事情呢 —— 這樣的思緒讓他將家成為自己的出氣筒，讓每個家庭成員感到不快。

他帶回來的，只是白天憂慮的殘渣，緊繃的神經與下降的身體機能，

這是極其短視的做法。這個國家的許多房屋都是東拼西湊中建成的，我們看到的，卻是男人們在工作之後神經殘留的副產物。許多人留給家庭的，只是心靈的碎屑，一些很零碎的東西。他將一天所有的精力都留在了工作的地方，然後回到家裡，奇怪為什麼孩子要躲著自己？為什麼他們不跑到自己的身旁，伸出雙臂，坐在自己的脖子上？

孩子們意識到，當這樣的一個父親回到家，一天的歡樂時光也就接近尾聲了。他們在父親那張拉長與疲倦的臉孔上看不到任何有趣與富於魅力的東西，當然，在拖沓遲與沉重的腳步中沒有一絲的靈動。

他們知道，父親已經沒有精力與他們在地板上或是草地上自由自在地玩耍了。他們知道必須要保持安靜，否則就必須要趕緊上床睡覺，或是被趕到外面。

讓晚餐成為每個家庭都嚮往的時刻，成為積極有趣談話的時刻吧。讓孩子們在飯桌上心情愉悅地說出心中最感興趣的事情吧！若是人們能普遍這樣效仿的話，將深刻地改變家庭生活的現狀，讓醫生趨於絕望。

某些家庭中，在飯桌上講一些有趣滑稽的故事已經成為一種慣例。在這樣的家庭裡，就餐成為一種真正的樂趣所在，晚餐時間必然成為一種快樂的時光。在家庭成員中，甚至還有比賽，看誰能講出一些最讓人感興趣最睿智的事情，或是最好的故事，在這樣的環境下，不存在消化不良或是沒完沒了的嘮叨。

晚餐之後，讓大家開心應該成為一種規律。假期中，讓自己的出現成為孩子們快樂與樂趣的象徵與保障，努力讓自己的家庭成為世界上最快樂的地方——變得和睦與富於魅力，讓孩子在晚上願意待在家中，不想在外面徘徊。不要為一時的小噪音、小摩擦和一些破碎的傢俱而去責怪孩子，對家人以最寬容的笑容，你也可以感覺到家庭的暖意。大人們也應該

有不少成長的回憶，因為家長為了幾件傢俱或是小玩意而受到批評和壓制，那是多麼的委屈！

現代人一般都在白天將最旺盛的精力消耗了，回家之後只剩下僅存的一點力氣了。然後，他還會感到奇怪，為什麼妻子不像以前那麼美麗與善解人意了，他看不到妻子因為自己而變得貧瘠與可悲的一面。他期望，妻子能展現出以前戀愛時的那種美麗與可親，但那時，他也將自己最美好的一面展現給她，疲倦與壓制是難以獲得快樂的回應的，只能讓孩子的玩耍變得興味索然，扼殺家庭的歡樂。

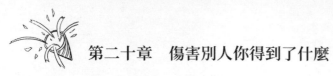 第二十章　傷害別人你得到了什麼

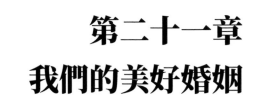

第二十一章
我們的美好婚姻

第二十一章　我們的美好婚姻

美好的婚姻生活可以讓我們更加堅強，免於許多無謂的憂鬱與沮喪，讓我們有精力去做更多的事情。

最富有的人往往不是擁有最多的人，物質的擁有並不能決定我們的生活品質。

—— 朗費羅

我拜訪過一些充滿歡樂的家庭或是被人們羨慕的「理想之家」。在那裡，彷彿空氣裡的每個分子都是由智慧與和諧組成的，而這樣的家庭出現的機率多在窮人家庭。地板上沒有昂貴的地毯，牆上沒有掛著名貴的壁畫，沒有鋼琴，沒有藏書室，沒有藝術品，但每個家庭成員卻有一顆知足的心，他們忠於家人，過著無私的生活。他們都為別人的生活著想，努力用自己的智慧與善良去消弭環境所帶來的不良影響。

看到一個人挖空心思去賺一大堆錢，卻忽視了一些與生俱來的東西 —— 自我價值的實現以及與妻兒共用的美好時光。

財富可以買來金子來裝飾房子，但卻買不來一個真正的家，家人的關照、自我的犧牲精神、善良的特質等等這些精神財富，卻可將世界上最寒冷的地方變成宮殿。

年輕的丈夫應該記住，妻子所作出的犧牲遠比自己要多得多，他應努力避免人生起步階段的失落之感，假如夫妻都能為對方著想，那麼離婚法庭將面臨倒閉。

許多男人認為自己比妻子更為優越，因為他們是家庭物質生活的提供者，覺得自己能賺錢，就代表著自己擁有更大的能力。事實上，他們的成功在很大程度上取決於妻子對自己潛移默化的影響，正是由於她在維持一個幸福家庭上的技巧，讓丈夫總能處於一種良好的工作狀態之中，讓他免於憂慮，免於消沉。要是沒有妻子在背後的打點，他的工作效率將驟降，

所謂的賺錢能力將大打折扣。

溫馨的家庭對一個男人而言是極為重要的，能讓其品格更為堅強與全面，免於許多無謂的憂鬱與沮喪，處於一種正常的狀態之中，家庭的和睦與濃濃的愛意，讓他有能力去做更多的事情。

我知道，許多男人背後都有一位默默無聞的女人，但她們卻是政治家聲望背後的真正發動機。許多妻子在背後給予了丈夫無盡的幫助，他們卻感受不到。

有人說：「對男人來說，婚姻是一齣劇集，但對女人來說，卻是一生的轉捩點。」男人對女人的愛意並不如女人對他們那樣深厚，忠誠的妻子不會去計較丈夫的缺點，但她卻沒有意識到，丈夫的心比想像中更容易善變。結婚之前，所有的準妻子都必須要考慮的一個問題：如何抓住丈夫的心。當然，這就看她的魅力與能力的問題了。

男人愛的方式與女人的並不一樣。在他的愛意中，更多殘存著一種自私。當一個女人付出自己的愛，這就是一輩子的，在她的愛意中，自私的成分是很低的，她的忠誠度並不像男人對女人那樣，因為對方的吸引力而有所改變。

無疑，已婚女人經常犯的一個致命錯誤，就是以為在婚後，無須像婚前那樣想方設法讓自己變得富於魅力了。她們覺得應該憑藉自身真正的能力來贏得丈夫的愛與讚許了，至於個人的美麗、衣著或是外貌則變得不是那麼重要了。

假如你的伴侶對你感到失望，首先就要審視一下自己，看看自身是否存在某些問題。假如一個女人之前從未被一個男人直眼看過，直到被人不留情面地批評之後，才幡然醒悟，才開始注重自己的儀表。她應該及早反思，反思自己的言行舉止是不是得當，對愛人對家庭是不是有積極的影

響，這是一個惡性循環，當她已經習慣面露不悅之色，滿腹牢騷地抱怨時，讓她擠出笑容與說出親和的話語是有一定難度的，這樣的她很難讓家庭快樂起來。

為什麼你對妻子說話的語氣，卻不敢複製在別人身上呢？試著去微笑，試著去欣賞。「讚美是一種心靈刺激，斥責則是一種心靈的壓抑。」桃樂西·迪克斯如是說。

艾拉·W·維爾克斯說：「若你知道自己的伴侶在一年後將逝去，在接下來的十二個月裡，你會怎麼做呢？」那時你還會因一些小事而大發脾氣，會因為晚餐稍遲或是相遇的時間與地點不對，而讓對方感到不悅嗎？你還會為家庭的瑣事埋怨相濡以沫的伴侶嗎？

我肯定，你不會的，你會變得更加細心與體貼。因為，你感到這張臉孔可能在不久的將來就永遠地消失在你的眼前，你聽到的聲音也將永遠地凝固起來，你會想起她的種種美德，你會想起以前戀愛時的浪漫日子，你會為自己的小錯誤道歉，正如戀愛時那個浪漫的你一樣。

為什麼不將對待即將逝去的人的那種溫存與忍耐，去對待一個可能在二十年後逝去的人呢？有情人終成眷屬，真正的浪漫應該始於婚姻才對。

許多人並沒有意識到，一個女人對快樂所需的東西是那麼的簡單。若是她的情感能得到滿足，就可忍耐貧窮以及各種考驗，就能在一個有壁爐的房子裡營造一個溫馨與舒適的家庭，但一個女人若是感受不到丈夫點滴的關心與細緻中體現的愛意與溫存，她的心靈也會變得枯萎，家庭生活也變得乏味與單調，這是多少錢都無法彌補的。

對於年輕的夫婦而言，一個重要的目標就是在生活中保持平穩，這不僅需要雙方付出愛意，還要以有效與細緻的方式去表達這種愛意。要知道，幸福的家庭是力量的泉源。

只有在現實中不斷地調整，否則任何單方面的情感付出都是難以獲得和諧與滿足的。頭腦冷靜的丈夫在家庭生活中形成一定的家庭分工，例如男主外，女主內，應想方設法去避免矛盾，雙方最好能互不干涉，這是避免產生家庭摩擦的最佳方法了。若是妻子想尋求丈夫的建議，那也是沒問題的，但丈夫要謹記一點，家庭事務完全是屬於妻子的領地，應讓她有絕對掌控權力，在這個管理範圍內，不應該受到約束的，這就正如丈夫在工作的時候不想被打擾一樣。一般的家庭摩擦多集中於經濟問題上，其實，只要雙方有一個簡單明確的共識，然後用基本的經濟常識去控制家庭的支出，就完全可以避免這些了。

一般而言，極少男人在處理家庭開支上能像妻子那樣明智與有眼光。

幸運的是，現在的丈夫讓妻子擁有自己每週或每月的部分薪水，這已成為一種慣例了。丈夫應讓妻子按照自己的意願去管理家庭事務，在支付各種費用的時候，無須質問金錢的去向。妻子在支付各種必要的費用，諸如僕人的薪水，為家人添衣或是個人的一些支出，這些丈夫都是不應該去插手的。她會對這種自主權深感自豪，爭吵也就不容易發生。

當一個母親感到自由與歡樂，她那深深的、真切的、不盡的母愛也將成為不滅的火焰照耀著他的孩子。我們要知道，在這樣母愛包圍中成長的孩子，是健康和快樂的，在通向幸福的道路上，他們已經先人一步了！

很多家庭的氛圍過於嚴肅了，為什麼不讓孩子盡情地跳舞或是玩耍呢？他們可能會打破或是推倒一些東西，但在日後的人生中，他們卻要備嘗生活的艱辛啊。在家的時候，下定決心，讓家成為孩子們快樂的天堂，所以當他們日後有某種不愉快的經歷，就會把家看成是生命中最安全的港灣，地球上最幸福的地方。

讓家裡充滿歡樂，這是極為重要，。只有一個幸福的家庭，才能讓孩

子們不在午夜的大街上遊蕩，遠離罪惡與不良的誘惑。

家庭應成為一個充滿歡樂與各種身體鍛鍊的場所 —— 孩子們能夠積極參與的地方，做父母的也可參與進來的，你會發現，晚上的一點點樂趣、笑聲都可以讓孩子們睡覺時都咧著嘴笑。與孩子多玩玩耍，這會讓他們睡得更香，讓身體處於更加舒暢的狀態，而這種幸福的天倫之樂也會讓你在接下來的一天中更具活力，你會驚訝地發現自己能更加高效地工作，這就是家庭幸福所帶來的無盡益處。

我們都感受到這種神奇的功能，這是一種極大的提升。在忙活了一天之後身心疲倦的時候，在家中一個小時的笑聲能讓一顆疲勞的心舒展起來，重現活力。

家裡要有音樂，音樂能夠讓人的心理狀態恢復到一種和諧狀態。音樂讓人的心智免於憂慮，神經疾病的患者皆可透過優美的音樂來得到神奇的康復，大自然賦予了我們靈敏的聽力，聆聽音樂也是治癒我們各種心理扭曲的一個機會。

柏拉圖說過：「音樂讓心靈飄到茫茫的宇宙，為心靈加上翅膀，在天馬行空的想像之中，讓悲傷染上一種淒美，讓世間一切都充滿了生氣。正是這種萬物皆有序的本質，讓人們可以找尋到真、善、美。」

幸福始於家。當大家晚上圍坐著就餐時，應是充滿歡樂與笑聲的。用餐時，也別忘享用歡樂吧！這有益於身心健康，比消化不良好上不知多少。聚在一起用餐的時間應被每個家庭成員視為美好的時光，我們應培養小孩在飯桌上，讓他們拿出最好的心情，說出他們心中覺得最有趣與最好的東西。如果這種實踐能夠普遍的話，將徹底改變家庭的現狀，這會讓更多的醫生都無事可做。

誰能想到，男人對建立自己幸福家庭的渴望對人類文明的巨大推動

力。不論對哪個年齡段的男人而言，一想到能建立自己的家庭，這是多麼強大的一種激勵作用啊。正是這種美好願望，讓年輕人忠於本分工作，在困頓之時仍能奮起，一想到家，想到在一個小房舍以及妻子在門外等待自己歸來的情景 —— 這種對家庭的希冀，是對許多奮鬥者的一種極大鼓舞。對於整個人類而言也是這樣，正是一種「要有一個屬於自己的家」的夢想讓許許多多的人走出迷惘，世上沒有什麼能比一個男人對自己的家的期盼所帶來的影響更大了。一想到妻兒子女，這些比他自己生命還重要的人，即便眼前看不到他們，但是一種持久的精神力量將會拉近跟家人的距離，想起家人們，內心湧上一股甜甜的清泉。

家對於他們來言，就是沙漠中的綠洲，這點毋庸置疑。

為了家，男人們有什麼不敢去闖呢？他們穿過浩蕩的海洋，探索未知的大陸；他們忍受熱帶的酷熱與北極的刺骨寒風；為了家，他們可以忍受長達數年遠離文明社會的生活，在杳無人煙的荒原上挖出煤礦。

家，是語言中最甜美的詞語，它是詩人、作家與藝術家所熱衷的主題。在歷史上，在家庭的鞭策之下取得非凡成就的人，不乏其人。無論是偉大的發明家、先驅者，他們在人生的道路上都甘願為了家，犧牲一切。

其實，世界上一半的痛苦是可以避免的。只要人們能從小在家中獲得幸福，而不是想著從別處苦苦找尋。

年輕人對無憂的樂趣有一種難以壓抑的希冀。若是這些希冀能夠獲得滿足，那麼讓他們待在家中，不到處遊蕩，就相對容易了。我時常思考一點，當父親或孩子，在晚上總是急於走出家門，到某個他們認為快樂的地方去，那麼這個家庭肯定是出問題了。一個充滿歡樂的家庭對他們而言應是極具吸引力的，家的珍貴記憶不會讓人失去自尊，不會走出家門鋌而走險去犯罪。

第二十一章　我們的美好婚姻

　　無論對自己還是對孩子而言，笑聲都是世上性價比最高的藥物，所以大量地給予別人吧，這不僅省下一大筆醫藥費，也讓孩子在更為快樂的環境下健康成長，為他們的未來打下鋪墊。如果真是這樣，這個國家的監獄、瘋人院與救濟院的數量都將減半。

　　「現在好好休息吧，讓自己快樂起來。」「不讓工作的煩惱在家裡生根。」這應是每個家庭都應謹記的銘言。家庭的歡樂是世界上最強大的向善力量。

第二十二章
人生重在行動，快樂重在執行

第二十二章　人生重在行動，快樂重在執行

在追求自己的理想時，我們去行動，哪怕只是朝著目標近了一小步，也能帶給我們莫大的滿足感。

> 我認為，天賦之人，
> 或是人中之龍，
> 有責任不斷提升人生，
> 直到上帝賜予的高度。

我認識一位積極向上、為人熱情而且充滿人生理想的女孩，她對音樂充滿了激情，在這方面才華橫溢，自從嫁給了一個商人之後，她整天蝸居在家裡。丈夫深愛著她，但對妻子這種特殊的才華卻沒有半點了解或是欣賞，甚至對此一點興趣都沒有。一段時間之後，她的才華就開始凋謝，整個人也變得壓抑與沉鬱，丈夫覺得妻子的生活可能需要一些變化，就讓她出國旅遊，住在更豪華的房子，想讓她恢復原來的樂觀、魅力，但結果證明並不奏效。

在她的內心中，有一股很強烈的渴盼，但卻一直沒有得到滿足，她的才華總是處於一種渴望得到張揚的狀態，這是任何優越生活環境或金錢都無法滿足的，因為我們心中有些東西並不是金錢或是其他東西能夠買到的。她逐漸變得鬱鬱寡歡，在嘆息中生活著，天賦由於長時間的荒廢而凋謝。我們時常可以見到一些人過早地凋謝了，他們好似對生活沒有特別強烈的熱情，對其他事情好像都提不起興趣。生活總是讓他們感到失望。為什麼會這樣呢？

一個人無法實現自己的理想，這可能是很多種原因造成的，但大多數都是因為他們無法從生活中找到適合的位置。無法到達理想的彼岸，這種失落的情感是可想而知的，他們會逐漸變得冷漠、變得滿腹牢騷並且深感不安。我們可以肯定地說，有這樣反應的人還沒有找到適合自己的位置，

他們只能混沌地活著，形如朽木。

　　女人們在隱藏自己的悲傷與掩蓋失望情緒上有著完美的能力，但這些深埋於心底的情感卻可能讓她們終身感到痛苦。當她的理想破滅之時，只能在心中默默地受罪。

　　誰能估量這些可怕的悲劇是如何痛苦地折磨著人們的心靈的。這些人難道不想去實現自己的理想嗎，只因為他們生於貧苦之家，只因為他們身體有些缺陷，或許還有一些其他難以啟齒的原因，為了生存，他們只能去做一些自己心裡厭惡的工作。他們有逃脫的可能性嗎？他們就像一隻困在牢籠內的老鷹，不時擊打著鐵籠，原本應翱翔在藍天，現在只能掙扎於牢籠！

　　很多被我們批評或是斥責的人，可能因為自身環境限制，無法展現自己的才華，內心該遭受多大的煎熬啊！若是還有什麼讓人覺得可悲的話，就是這種鬱鬱不得志之人所遭受的折磨，很多人都深切感受到，追求一種永遠也難以企及的東西，確實是一種痛苦的過程。看不到實現自己理想的門路，這是人生一個難以言喻的悲傷，當我們做自己喜歡的事情，是不會覺得失落與痛苦的，但默默地忍受著自己必須要做的事情，這卻需要一種英雄般的特質。用耐心去忍耐，用忠誠去工作。當心靈不忠實於理想，理想之花就開始枯萎了，希望的曙光也逐漸暗淡。我們希冀自由，想要振鱗橫海，擊水三千，但卻因一些不得不面對的現實或是沉重的負擔而虛度生命，失去雄心壯志，這讓有志之士不禁潸然淚下。

　　除了對往事不可追的悔恨之外，沒有比意識到理想被扼殺，希望被毀滅或是願望被擊碎更讓人感到痛苦了。我們有天賦去做某項工作，卻礙於環境所限不能施展，年復一年只能做一些不適合的工作。善良的人們感覺到自己沒有途徑去表達心中所渴望的東西，只能鬱結於心，在渾渾噩噩的

歲月中度過，但我們沒有忘記要為我們所愛之人提供一張笑臉與一份希望。我們隱隱約約感覺到自己可能永遠也無法實現一些事情，這種遺憾讓人心傷，讓人黯然銷魂，現實和理想的距離，對於所有人來說，都是一個真正的考驗。

我們可以不分青紅皂白地指責那些不像我們一樣出人頭地的人，但相比於我們，他們可能才是真正的英雄，我們永遠也不知道他們內心在忍受多大的傷痛。旁落的理想與破碎的希望，讓人感嘆「關山難越，誰悲失路之人」。壯志未酬身先死，這讓多少人死不瞑目啊！除了內心尚存的責任感，沒有什麼能彌補未竟理想的苦楚，但是，我們是否在某種程度上也該為自己承擔責任呢？倘若我們保持心靈的活力，堅守理想，最偉大的勝利就是我們浴火重生之後的涅槃。

緊緊抓住自己的理想吧！當別人扼殺理想時，其最傑出的才華也就泯滅了，最終只會成為各種誘惑的犧牲品，甚至走上犯罪的不歸路。讓我們的行動緊隨內心強大的決心，讓心境更為平和，目標更為堅定，人生軌道更為正常，這就是實現理想的最堅強保證。當一個人無論出於什麼原因，放棄了追求最高理想時，就好似飄搖的浮萍，沒有彼岸。

腳踏實地的生活，這需要堅強的性格，我們在追求最高的理想時，我們去行動，去實現，哪怕只是朝目標近了一小步，整個人都會感到滿足。

做自己喜歡的工作，人就不容易受到外界的各種誘惑，若是缺乏這種發自內心的愛意，就會被引誘去做各種傷害自己甚至毀滅自己的事情。

人生重在行動，我們正常使用大腦，就可增強健康度，帶來一種滿足，人會感受到不斷成長所帶來的那種快感，這種刺激是其他所不能比擬的，提升著整個人的心智。如果真正能實現自己的理想，這種喜悅是難以用語言形容的，很多人之所以缺乏能力或是神經脆弱，因為他們沒有去追

求人生的理想。在追尋的過程中，他們是巨人，倘若放棄，則是性格上的侏儒。被迫放棄自己所期盼的事業，這裡面飽含著多少讓人沮喪與傷心的成分，人是很難從這種痛楚中復原過來的。我們可以見到一張張因為未能追求理想而焦灼的臉孔。他們變得低調、不安，浪費了本能創造精彩的無限潛能。

某些時候，一些人常有這樣的感嘆：英雄無用武之地，努力沒有得到回報，構築美好生活的物質在逐漸遠離我們而去。人過中年或年過半百，毫無建樹，此時想起自己的理想，不禁感慨萬千，他們的良心譴責著自己，為什麼不能抓住從手中溜過的機會。當他們意識到自己的人生將如夕陽一樣徐徐落山，想起過往那庸庸碌碌的年歲，當年的豪邁早已不復可見，這時湧上內心的是陣陣酸楚。

人生最重要的是找到適合自己的位置，之後，我們就無須那麼多的刺激與鼓勵了。我們只需正常地運用自身的功能就可帶來歡愉與刺激。從工作中獲得樂趣，這本身就是最大的推動力，任何偉大的工作都必須源於一顆自願的心，若沒有這點，就會缺乏生機與力量，甚至一切。

意識到自己無法將血管中湧動的資訊準確地傳達，無法聽從心中的召喚，這都讓內心備受煎熬。

意識到自己有天賦，有能力去將某事做到最好，但隨後卻遭到一一幻滅；意識到因某些自身不能控制的東西，無法發揮長處，只能靠短處過活，這些都讓人白髮早生，痛苦心傷。

理想的幻滅好似將整個人推出正常的軌道。當我們不能做自己最擅長或是最好的事情時，一切都是那麼的彆扭，因為所有人都這樣覺得，他最適合做某項工作，而其他的則都是錯誤的搭配。

我們會說：「人是一個善變的動物，也是適應性最強的動物。當然，

人可以做一些並不適合自己的工作，但這不能做到最好。熱情與激情，這都是達到卓越的標誌，沒有這些，很難獲得滿足感。」

感覺自己在積極實現理想的路途上時，這種感覺是最棒的。所謂激情，就是圓滿完成事情的那種成就感，成功的決心就是人們能獲得的最大滿足，而滿足感則是幸福的最大成分。意識到自己的成長，有能力提升自己，這是人生獲得持久滿足感的一種途徑。

在創造的過程中，在實現縈繞腦際的理想時，你能強烈地感覺到一種滿足感和成就感，相比起成就感所帶來的感覺，任何其他好的感覺都難以比擬。

誰能了解發明家心中充溢的勝利感，誰能體會當他第一次發明一種完美的機械裝置時的那種驚喜 —— 正是他的工作，改善了人類工作的效率，將人們從苦悶中解脫出來。

一個科學家多年生活在貧苦之中，一直忍受著外界的質疑、批評，甚至是最親愛的人也誤解著自己，但當艱辛過後，他獲得了成功，誰能幫忙形容一下此時此刻他揭示出的那種滿足感與成就感呢？

發揮創造性的能力，讓心靈超越眼前的重重困難，解決它們。這帶給人無限的心理慰藉，這是其他都不能比擬的。想想無所作為與漫無目的的人，他們整天無所事事，這讓人的心靈感到枯燥、疲乏，而時刻追逐理想的人，則能感受到那種強大的力量。

懶惰與沒有目標的人始終無法挖掘個人的潛能，更無法體會到成功者所感受到的那種高層次的滿足感。

更高級的力量掌控著我們，這是一種很自然的想法。這種想法恰似內心流動的一股無形清泉 —— 這種「不容分說的必須」催促著我們馬上確立一種模式，堅持自我讓生命的視野更為真實，一種信念的衝動總是時刻

鞭策著我們去追求最高的理想。在支撐最高理想的背後，有一種比個人滿足更深沉的東西 —— 人類最高理想的濫觴、成長以及終極目標之間有著某種至關重要的紐帶，這就是我們的決心和信念，它們維繫著一切！

第二十二章　人生重在行動，快樂重在執行

第二十三章
要學著給自己找麻煩

第二十三章　要學著給自己找麻煩

生活中最讓人沮喪的是越來越多的人漫無目的地活在世上，渾渾噩噩地揮霍著金錢。

懶惰本身就是一種永恆的絕望。

—— 卡萊爾

波斯王子以驚訝的眼神看著跳舞的英國紳士與女士時，發出這樣的感慨：他們不會請人跳舞給他們看嗎，幹嘛要自己去跳？他覺得，欣賞舞蹈要比跳舞本身更有樂趣。

「將生活的樂趣定位於外部的感官刺激，這是一種最為狹隘的觀點。」夏洛特・珀金斯・吉爾曼說。「人生的主要樂趣在於表達，而非被動的接受。」親自創作一幅畫作，這比欣賞更為有趣，自己一展歌喉要比聽別人歌唱更舒心。若是人們各種感官都得到了滿足，很快就會覺得無趣，但若以正確的方式去運用能量，就不會感到樂趣的消失。身體機能的接受能力並不如給予的能力，主動表達要比被動接受更有益。我們總是想當然地認為，別人替自己做，這肯定是最好的 —— 這種錯誤的觀點潛入自然天性之中。這讓我們犯錯的時候，就會逃避工作。

假如世界上所有工人 —— 他們的發明、創新、建造的鐵路、汽船、電話以及各種製造的設備，這些所有努力的痕跡霎時間從地球上消失，那麼這個星球就是懶惰者的天下了。誰還想待在這個地球上呢？世界將是多麼可悲的一個慘景啊！

有序的工作讓人類處於一種健康的狀態，獲得心靈的滿足，讓人不斷進取。工作是生命活力的維持者，也是消除憂慮的重要武器。

我以為，四肢健全的人過著一種懶散、漫無目的的生活，怎能活得幸福呢？對於人類的天性而言，懶散的狀態並非自然的，在人們的生活中，無數種東西都在表明一點，人是要工作的，是要有強有力的行動的。

幸福源於正常地運用身體的機能。任何功能或才華，倘不被發掘，都會逐漸退化的，除了休息與養精蓄銳之外，任何形式的懶惰都是一條讓人生走上荒蕪的道路。

其實，人生就是一種很均衡的動物，站在一個為世人接受的公平、正義的角度來看，當其拒絕參與這個世界的工作時，心就會變得狂躁。

現代生活最讓人沮喪的一點，是越來越多的人漫無目的地活在世上，在渾渾噩噩地揮霍著金錢，淨做些沒有意義的事情，他們的主要事就是要尋樂。當然，他們的內心是會深感失落與憤慨的，幸福源於做了一些有意義的事情，為世界作了一些有益的貢獻。

對好逸惡勞的人而言，幸福是不存在的，因為他只會體會到，自己因沒有好好挖掘潛能而帶來的自卑。任何不積極運用的功能都會慢慢退化，這是一個基本的法則，一個農場、一幢建築、一臺機器，若是長時間棄置，就難以正常運轉了。因此那些不能真實服務於真正目的的品質，自然會收回其賦予的潛能，真正快樂的人，不僅是積極樂觀的，也能意識到自己身上最美好的東西，否則，一種自責感將讓他的幸福感蒙上一層陰影。

當然，歷經千辛萬苦取得成就的那種巨大滿足感，這是懶惰者所無法親歷的。懶惰之人，無論富或窮，若本身有工作的能力而不去勞動的話，內心就難以感到快樂、舒暢與滿足。他們從一件事轉移到另一件，從一個地方輾轉到另一個地方，總是徒勞地找尋著一些能夠帶來滿足的東西。

不願努力工作，一心想著竊取別人勞動成果的人，不想著做出任何的補償，這些人生都是與幸福快樂絕緣的。構成幸福的主要成分是誠實，任何人若不能做到最好的自己，都是不誠實的。

我時常會看到一些無聊的年輕人，從來不想兢兢業業地工作，從來沒有親自賺到買一套衣服的錢。他們經常抱怨說，旅行是多麼無趣，漫步於

藝術畫廊是多麼無聊。為什麼這些懶惰者會覺得人生無趣呢？因為他們失去了生活的熱情，難以獲得真正的生活滋味。真正的生活滋味是源於意識到完成了自身的工作，做到了最好，讓生活充滿了樂趣。

相比於繼承不勞而獲的東西，更值得我們珍惜的是自己辛辛苦苦賺的錢。

人有一個很奇怪的特點，大凡不是自己真正努力去爭取回來的東西，是難以真正體味其中樂趣的。透過自身的努力，發揮主動性去成就人生，這應成為我們人生的一部分。

懶惰者無法像辛苦工作之後的人那樣全身心地享受一天的外出旅行。工作之後的人會心安理得地享受屬於自己的假期，這對他意味著許多，每一分秒都有無窮的樂趣。

獲得真正的幸福只有一個方法：昂首挺胸，勇敢面對世間一切風雨，享受一種深沉的滿足感。幸福源於個人誠實的努力，真實地完成屬於自己的工作，若我們拒絕支付這個價格，怎能期望獲得恩賜？

懶惰者沉悶與單調的生活，最終會被這個社會所唾棄。他們盜竊人類誠實勞動的成果，在別人的眼中不值一文，時代將不會再容忍社會上這樣的「碩鼠」。這些遊手好閒無所事事之徒偷竊了別人辛苦得來的成果，所產生的惡劣影響敗壞著社會風氣。

懶惰、散漫之人無法獲得別人的尊重，因為內心有某些東西在隱約地告訴他，自己是一個小偷，自己的所作所為是不公平的，是懦夫的表現。那種人妄想著別人成為自己欲望的奴隸，自己可以坐享生活的美好。其實，這樣的人生毫無樂趣，根本不像一個正常人的生活。

不要妄想自己一無是處還能感受到快樂，快樂與勤勞是共生的，割裂兩者是致命的錯誤。

慣於懶惰的人是不可能快樂的，正如精密的計時器長久不用，怎麼能稱為正常呢？

　　幸福不與停滯不前者為伍。人必須要感到內心某種力量的擴展、提升，像被一個高尚的目標指引著一樣，否則，人將失去生活的樂趣。

　　退休的人通常會感到悶悶不樂，個中原因是他們意識到自己的有力使不出，意識到自身原先充沛的體力在下降，越發增添一種自卑的想法。當一個人整天閒著無事，不做事情，很快就會失去原本的自信。

　　世上本沒有懶惰者容身之處，世間的所有都為兢兢業業的人們所據有。對此最好的證明就是懶惰者到處不入流，不受歡迎，造物主會逐漸拿走原先賜予他的東西，最後他只能兩手空空，倍感無助與悲慘。

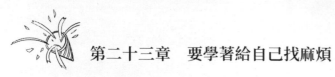

第二十三章　要學著給自己找麻煩

第二十四章
挖掘工作中的快樂

第二十四章 挖掘工作中的快樂

沒有負累，只有恩賜的工作，我們手腦並用，讓其充滿了愉悅。工作是上天對人類最大的恩賜，是工作，讓許多人從無聊與消沉中擺脫出來。

工作是激發我們熱愛生活最美好的東西。

—— 歐內斯特・勒南 [66]

工作之人，快樂之人也！

將工作視為負累還是樂趣，這對自身的健康與幸福來說是意義深遠的。工作應是讓人精神振奮的，而非壓抑人心的，生活應是充滿歡樂，而不是充斥著苦惱。

工作被許多人視為必須忍受的某種原罪，而非上帝讓我們趨向「幸福之峰」的康莊大道。

「沒有負累，只有恩賜的工作，我們手腦並用，讓其充滿了愉悅。」工作是上天對人類最大的恩賜。一顆專注的心是不易受到誘惑的，這對心智不堅定之人更是一種雙重的獎賞，正是工作，讓許多人從無聊與消沉中擺脫出來。

工作不僅極大地教育著我們，還讓自身的能力得到進一步的發展與增強。正是長時間有系統地運用，給我們帶來了持久的樂趣，也是樹立與維繫品格所必不可少的。

自然之法就是，任何無益而又占用空間的東西都將逐漸退化，然後支離破碎，無法挽回。無論這是引擎或是大腦。若不使用，退化是必然。

也許，多數原先具有活力的人，在日復一日的工作之中，失去了新鮮感與激情，心理失去了欣喜的波瀾，翻不起半點漣漪。他們機械、敷衍地工作著，或多或少地將工作視為某種不幸或是想要急切擺脫的累贅，他們

---

66 歐內斯特・勒南（Ernest Renan, 1823-1892），法國作家、哲學家。

只想著如何讓自己爬高點，以求沒有那麼辛苦，可以從中獲得某種解脫。

許多人都想從工作中解脫出來，但歷史的經驗都可證明一點：兢兢業業、認真工作的人，其實是最幸福的。實際上，懶惰才是對人類最邪惡的詛咒，這全然是幸福的天敵，任何懶惰的人都無法真正理解幸福一詞的含義。

世上最不幸福的人，幾乎都是那些不去工作的人，要知道，無論多少金錢都不能取代工作的地位。

人必須要工作，就如我們必須要陽光。他可能帶著負累的心去工作，也可能懷著感恩的心情去工作；他可能像一個有血有肉的人去工作，也可能如機器一般，機械式地工作著。人不可能總是能順心地選擇工作，但卻可以用一種積極的心態，一顆昂揚的心去面對。世上沒有一種工作，繁重到無法讓心靈獲得呼吸，沒有任何工作無聊到無法從中獲得樂趣。

造物主從來就沒有想著讓工作成為一種負累，自始至終都是想讓其成為一種樂趣。在商場裡，哪裡有道德的陽光、哪裡有和諧與善良，哪裡就能獲勝，正是在這些地方，我們才能做到最好 —— 無論在品質上或數量上都是如此。一顆滿足的心、樂觀的性情就是最好的資本，可獲得最大的收益，若你與周圍的人都能從工作當中獲得歡樂與成就感，顧客自然趨之若鶩。這是無疑的。

在生活當中，任何人都無法免於內心的憂慮、悲傷或是失望，但是我們應下定決心，不讓這些東西打擾內心的平靜，破壞幸福的生活。我們讓很多沒有結果的事情給自己背上沉重的心理負擔，讓我們錯過了幸福與高尚的生活。若是沒有快樂之光閃耀，生活是無法稱之為成功的。

無論在什麼行業，雇主們都會發現，你所做的任何投資都比不上在公司中傳播陽光的資訊。斥責、批評以及諸如驅趕奴隸般的做法，這些人類

第二十四章　挖掘工作中的快樂

發源以來就已在使用的原始方法，已被證明是完全失敗的。許多人的失敗，正是對員工的嚴厲、野蠻。實際上，他們親手摧毀了原先充滿活力的員工，扼殺了他們的激情，讓每個人工作的時候都深感疲倦，提不起半點樂趣，這只會讓整個企業都失去創造性。

很多企業家也開始意識到，讓員工感到舒適與快樂是大有裨益的，他們會發現這才是最好的投資：這樣做，員工的效率會更高，產出會更多。在心情愉悅的時候，效率是最高的。我們的心理狀態直接影響著效率。當心智處於不安與煩憂時，大腦就不能正常運轉，才華得不到最大程度的釋放。

若你是一位老闆，在你工作的地方，不要讓員工認為工作是一種痛苦與無奈的苦活。

讓我們成為生活的掌控者，不要隨波逐流。從破壞心態平和與和諧的細小煩憂中解脫出來，下定決心，讓自己超脫於雞毛蒜皮的事情，下定決心，讓自己比工作本身更重要，憑著做人的氣概與樂觀的性情，定能超越自我。

順利圓滿地完成工作，讓幫助自己的人感到開心與充滿陽光，這是你所能採用最好的方法了。你們也非常清楚一點，一匹時常被鞭打而處於焦躁的馬匹，在速度上是難以和用溫和方式對待的馬匹所比擬的，在對友善的趨向上，人類與低等動物是差異不大的。你整天面露不悅之色或是動輒粗言相向，你又怎能期望員工能保持活力、樂觀與機敏呢？活力是熱情的代名詞，當員工身處一種壓抑與痛苦的環境之中，又怎能精力充沛地為你工作呢？每次當你輕輕地走過他們身旁的時候，他們總要做好心理準備，以應對你的批評。

在工作當中，樂觀的人是最有價值的，在生活中養成一種樂觀積極的生活態度，這將照亮茫茫的前路。

樂觀是一種偉大的信條，沒有比這更好的生活哲學了。從工作中看到最好的一面，在人事中看到積極的一面，這具有無限的價值。這是一個理智、健康心靈的狀態。

格拉斯通曾說：「在工作當中，我找到了無限的樂趣。在早年養成的勤勞習慣讓我受益終身。」

不少人之所以悲觀，因為他們看不到無趣、枯燥的生活原本就該是一種持久的歡樂；他們看不到持久快樂與不去承擔責任之間的關係；他們不像蜜蜂那樣從生活苦澀的花朵上汲取蜂蜜。對他們而言，工作以及所有的事情都是一種累贅，一種詛咒。

另一個困擾我們的，是不少人過度地工作，他們試圖去完成自身不能承受的工作。「不要承擔自己不能完成的工作。」托馬斯·R·斯利布里克博士說：「生活的不幸福不在於工作本身，而源於無時無刻的擔憂。」積極有序的工作從來就不會拖垮一個人，但試圖將兩個小時工作量壓縮在一個小時，空出的時間則用應酬來填充，貪婪地尋樂，這只會讓自己感到更加焦慮，感受不到任何幸福感。當我們不能以輕鬆的方式來實現幸福，就很難實現了。

培養自律性與增強人生的執行力，這些都是工作的主要目標。我們不能免於工作，否則人生就難以健全地發展。

身體的每個神經、每寸纖維、每個細胞都極需鍛鍊，需要處於一種時刻運行的狀態，眼睛需要閱覽、耳朵需要聆聽、意識需要思考，心靈的每個功能都需要健康的鍛鍊。

傳統的神學家或是許多人的腦海中所謂完美的天堂，在現實中卻是許多思想積極人的地獄。在大街上一個鋪滿金子的地方，牆上都用玻璃裝飾，在那裡有永恆的安息，但我們能做什麼呢？腦海中的每個細胞都需要

活動。無論在何處，當這些功能被引誘至休眠的時候，這對正常人而言是一種折磨。當某人意識到自己在做某份積極工作的時候，他是最快樂的。

人類最美好的精華都源於日常的工作，來自平常對工作的追求。非凡的事情很少會一下子降落到我們頭上，日常的生活即是踐行教義、人生哲學的大舞臺。工作時的精神狀態是如何，這對人品是一種考驗。

默默無聞辛勤的工作對人類貢獻最大，這讓許多人免於絕望，放棄自絕，盡心盡力。世上沒有比認真工作更為積極的，但它卻被許多人厭惡、憎惡與恐懼。

阿爾瑪·塔德瑪[67]女士在「幸福為何物」的演講中提到，她花了五個月的時間寫下幸福的定義。她說，幸福是辛勤工作與挖掘潛能的結果。她認為，當一個人感覺只挖掘了自身少量的潛能，無法做到最好自己的時候，是不可能感到幸福的；即便有，這也是一種很低水準的幸福，因為內心總是會自責，這剝奪了他的幸福感。

認真圓滿完成工作，這是讓人感到多麼快樂啊。這有一種頓時開闊的心境，讓我們更加尊重自己。

賀拉斯·曼[68]說：「由於一些根深蒂固的原因，工作對我而言就好比如魚得水。」

在自己擅長的範圍內專一地發揮才華，這讓人感到無比幸福，生活要是沒有目標，就一文不值。一旦失去了人生目標，人只是一副拖著軀殼存在的生物，專心致志地發揮自己才華的人，不會感到自憐可悲的，帶給我們更為強烈的滿足感莫過於意識到自己的與眾不同，掌握自己的人生。

在工作的時候，充分調動身體的機能，全身心地投入，會帶來無限的

67　阿爾瑪·塔德瑪（Alma Tadema, 1836-1912），英國皇家學院派畫家中的世俗裝飾大師。
68　賀拉斯·曼（Horace Mann, 1796-1859），美國教育改革家，政治家。

樂趣。我們要以一顆大度無私之心占據心靈，驅趕自私與貪婪，獲得更高級的享受。

人的本性似乎都在昭示一個道理：人應從日常工作中獲得最大的滿足與歡樂。當然，我們也可從其他方面獲得一些樂趣，但若是我們喜歡自己的工作，就會有持久的樂趣。

旅行、社交、看戲、閱讀書籍、觀賞藝術品、與朋友聚會等，這些都是人生暫時的調味劑，但是，熱愛工作的人卻能從中獲得日常的樂趣。

很多人只是存活著，但沒有真正地生活著。工作應讓人覺得有趣，應將整個心靈都投入進去，從中找尋快樂。有意識地自我表達，展現自我才華，這會帶給我們持久的滿足感，但是迫於生計日復一日的工作，這絕非生活的本義。

假如我們還是個正常人，早上起來上班的時候，內心應是充滿樂趣與期望的，就像婚期漸進的新娘與新郎所感受的那種喜悅與悸動的心情。

年輕有理想的藝術家能感受到希冀的狂熱激情，他不能放下手中只完成了一半的圖畫，在半夜會時刻縈繞在他的腦際。假如員工每天早上上班的時候，能以飽滿的精神，擁有米開朗基羅與米勒特的那種激情，那麼商界將發生翻天覆地的變化。

作家在繼續那本未完成著作時，是多麼富於樂趣啊！他的心中時刻想著豐滿書中讓自己失眠的人物形象。在清醒時，這些形象出現在自己眼前。

早上起來，人們都應懷著同樣的激情，迫不及待地等待商店、工廠或是工作室的開放，這樣必能在自己的領域中傳名。如果每個職員都懷著強烈的激情去面對工作，那麼商界的面貌將煥然一新。

在孩子成長的過程中，我們不應灌輸這樣一種觀念：賺錢糊口是讓人

恐懼與不安的，必須要為麵包與奶油而苦苦掙扎，工作應讓人們從中獲得樂趣的。我們應教會孩子這樣的觀念：從工作中感受到樂趣，將工作視為人生某種天賜的特權，能給人帶來莫大的安慰。

假如人人都能在生活中找到適合自己的位置，意識到做自己喜歡的工作，是不存在負累這個問題的，反而還是一種長久的樂趣，一種光榮的特權。

年輕人每天早上起來，應懷有一種強烈的期待，讓希望沉浸其中。

第二十五章
親愛的，我有一本快樂之書

第二十五章　親愛的，我有一本快樂之書

要知道沒有哪一天是憂鬱到不能讓一絲陽光透入到心靈裡的。

「若今天沒有陽光，沒關係，你可以將它照亮；若今天春日明媚，你可以增添陽光，令它更加燦爛。」

一位年歲已高的女士，歲月在她的面孔殘忍地留下了韶光的斑痕，然而寫滿滄桑的臉頰上卻滿是平靜與慈祥。那些令一般女人為之煩惱的皺紋之苦，對她而言全然不放在心上。

某天，一個女人焦急地詢問她有關幸福的祕訣，這位年老卻優雅的老人快樂地答道：（以下摘自《女人的家庭陪伴》一書）

「親愛的，我有一本快樂之書。」

「什麼？」

「是的，一本快樂之書。很久以前，我就知道沒有哪一天是憂鬱到不能讓一絲陽光透入心靈的。我養成了一個習慣，就把一些對女人頗有深意的小事記下來。從我離開學校開始，我每天就在書本上寫下某些東西，其實那都是一些很小的事情：例如，一件新買的長衣、與一個朋友閒聊、丈夫的細心呵護、一朵花、一本書、田間的散步，一封來信，一場音樂會或是一次駕駛經驗。這些都被我寫進了快樂之書。當我覺得自己有焦躁傾向的時候，我就會翻上幾頁，覺得自己是一個多麼幸福，多麼有福氣的女人。你想看的話，也可以啊！」

「這位心煩意亂的女士慢慢地打開遞給她的這本書，隨便地翻看一下，其中有一天是這樣描述的：『收到母親寄來的一封信。在窗外看見一朵美麗的百合花，找回了丟失已久的針頭，看到大街上一個陽光快樂的小孩，晚上丈夫給自己買了幾朵玫瑰花。』」

「在這本快樂之書裡，許多不過是尋常都能讀到的一些詩句和句子，但是書中卻充滿了真理與美感。」

這位女士焦急地問：「你每天就從這本書中找到樂趣的嗎？」

「是的，每一天。你知道嗎？我讓自己每個小小的願望都實現了。」她用低沉的聲音回答說。

「這位女士應該就此打住，但是她沒有。她在一頁上發現有一句是這樣寫的：『他離去的時候，緊緊地握住我的手，嘴上聲聲念著我的名字。』」

這位親愛老女士的做法不是很值得我們去效仿嗎？我們不應該製造自己的快樂之書嗎？

「製造歡樂的人是有福之人。幸運的是，世上有人在生活中感受到這種樂趣，將生活看成是無價的禮物，以工作為樂，從人或是事中獲得樂趣，他們給你的感覺是，他們正生逢其時，而且地點剛剛好。

樂觀之人無論出現在哪，都給人感覺夏日溫煦的和風，吹向山間野林，將人最好的一面喚醒，並展現出來，讓大家更為快樂。他們讓這個地球上的每個角落充滿了快樂，充滿了陽光與溫暖。在早上遇到他們，整天的努力與工作會顯得更為輕鬆，他窩心地握手，注入血管一種新生的活力，與他交談幾分鐘後，又能使你感到精神的愉悅，機能的加強 ── 生活的熱情與興趣開始回歸，從此能夠勝任職責或是工作。

惟其擁有了超脫的心境，才能活得快樂，才能從別人眼中醜陋、畸形的事物中看到美麗與優雅。

我們都知道風趣、樂觀與激昂的性格能擁有將如水平淡般的生活變成一杯最醇厚的酒的神奇魔力 ── 他們的出現讓人為之振奮，讓我們勇於承擔肩上的責任。他一回到家中就好似北極漫長的冬夜中露出了曙光。他們讓我們打開話匣子，滔滔不絕，讓我們勇於憧憬未來，他們是最健康最神奇的締造者。

第二十五章 親愛的，我有一本快樂之書

「我的兄弟最近生病了，他住在『牢騷大街』」一位詼諧的約克郡人說，「我在那裡住過一段時間，從來就沒有感受到過健康。那裡空氣渾濁、房屋潮溼、水質惡劣，鳥兒亦不會流連駐足，更不要說能聽到那嘰嘰呀呀的百鳥哼唱了。我在那裡倍感憂鬱，於是便逃出來了。現在，我住進了『感恩大街』。從那以後，我開始擁有了健康的身體，我的家人也是如此。這裡空氣純淨，房屋宜居，當陽光灑向房間，連鳥兒也過來啁啾，我感受到無比的快樂與幸福。現在，我總會強烈建議自己的兄弟們都搬到『感恩大街』，在那裡有很多可供租賃的房子。假如他們能來一次，這裡的一切將完全改變他們對生活的看法。我很樂意與他們成為鄰居。」

一位女士最近被問及如何對待自己看不順眼的人這個問題時，她說：「其實很簡單，我的做法就是，看到他們出現，無視那些讓我感到不悅的東西。」其實，許多人也正如這位女士一樣，忽視或消除對別人錯誤的偏見，於是心智便走向了一個更高的境界。

很少人有足夠的能力超越自身的痛苦與失望。很多人總是討厭這些問題，他們將自己陰鬱的一面傳播給別人，像陰雲一樣遮住陽光，好似命途的多舛、不幸總是難以戰勝，沒有人願意遇到他們，遇到了也只是對其逃避三舍，因為他們總如幽靈一般，一旦進入我們的視野中，便難以掙脫，揮之不去。

「所以，為了維護人生，即便是身處傷痛勞苦，我們仍需保持著一份快樂的性情，並將這種情緒傳遞給別人，以最高尚的情懷去做富於博愛的事情。」查理斯‧瓦格納說。

未能超越自身的人，無法克服痛苦與煩憂的人，你們應該去想想，相比於你們偉大的人生目標，這些都只不過是小打小鬧而已，其實沒必要放在心上。

在擁有良好教養的人群中，有一條不成文的法則 —— 真正的紳士與女士總是將他們自身的煩惱、不足、悲傷一一掩藏起來，這其中飽含著一種自律，使其性格日臻成熟，人生漸漸醇厚，但當這些人沒有英勇擔當，就會失掉自己的品格，並在心靈上留下醜惡的痕跡。他們的行為中一旦顯露醜惡的一面，終其一生，都將是一個大的汙點。

當自己學會承擔一些東西之後，再經歷不幸、傷痛、疾病或是有所失時，試著留點給自己吧，然後靜默地將這些東西埋掉吧。很多東西都是盡在不言中，懂你的人會因這種自製更加愛你與讚賞你。在寬宏的心和持久的樂觀性情面前，那些小煩惱不足掛齒。

在一場發生在克里米亞半島的戰役中，炮彈落入堡壘，將一個美麗的花園炸毀，然而就在瘡痍地面的一道裂口上，一道清泉仍生生不息地流動著，若是我們能憑藉自身堅強的意志，將許多內心潛藏的悲傷化作對別人的祝福，為了那些需要我們的人，那麼這個世界將會是多麼美好！下定決心，讓自己不要被瑣事困住，超越讓你煩惱的事情，泯然一笑。

在歌德所寫的某個故事中，有一則是對一位純樸漁民房子的描述。他的房子被一座小銀燈照耀著，大門、房頂、地板、傢俱 —— 房子裡的所有東西都因為銀燈的神奇而變成銀色，所以一顆充滿陽光的靈魂能讓一個貧窮的家庭充滿陽光與歡樂。

我們可以獲得這個世界賜予的更多真正的財富，無形的歡樂將自然與我們連繫在一起。

薩維奇博士說：「我們可將今天視為悲傷與無趣的一天。難道我們因弄溼了地板或是弄髒了衣服而感到悶悶不樂，抑或想著一股神奇的力量在這個小星球上旋轉著，偶爾灑下一縷陽光，偶爾又把蒼穹給覆蓋住了，偶爾還蒸發了池塘中的河水、湖水或是草地中的露水，然後又以雨、雪與冰

的形式重返大地，讓生命的偉力以及世界在其神奇的循環中變化。鉛灰色的天邊外，片片的雪花中，會有許多讓你驚奇的美景，上帝的甘霖化為讓你感嘆的東西。我們能夠因為自大而忽視這些嗎？妄自尊大地認為自己可以掌控整個宇宙，但事實上，我們只是渺小的其中一位而這個，你我都懂。

我認識一位長年臥在睡椅上的女士，她蜷縮在自己休息的地方，能看到的僅僅是窗外的樹林，但她卻十分樂觀，總是滿懷著希望，反倒是很多四肢健全的人跑去向她訴苦，並懷著慰藉的心情離去。

難道四季的更替不美嗎？這種變化時常讓她驚嘆著，即使她的身體在痛苦地顫抖著，但雙眸卻總是眼帶笑意。

誰能說這位能夠給別人帶來陽光與歡樂的人，是一無所有的窮人，或是因其長年被桎梏在病榻上就是一個失敗者呢？不！她比世界上許多富人更為成功。她擁有無價的財富，一種超越了疼痛的財富。她心靈閃耀出的樂觀與豁達，戰勝災難的勇氣是永遠不會消亡的，不是世間的變幻能夠影響的 —— 這是陽光與歡樂靈魂永不枯竭的財富。

幸福絕非一種機緣巧合，也並非人們想像的那樣只存在於物質之中。雖然我們必須要承認擁有金錢的確會活得更為舒適與便捷，但是，不論坐在豪華汽車還是乘坐一輛馬車在大街上跑，只要都能保證整潔與舒適，讓愛意充滿其中，那麼金錢的關係並不大。

事實上，對生活在豪華宮殿裡的人，愛反而是一個陌生者。一個家庭，假如沒有愛意或是滿溢的自信，是不大可能擁有幸福與快樂的。

善良、慈愛、友好、真誠、質樸、憐憫 —— 這些都是生命中最令人神往的東西，是值得我們去努力爭取的東西。假如我們無幸得之，至少也要與擁有這樣特質的人走在一起。

威利‧魯，一個印第安那州加里地區的殘疾兒童，他挽救了一名與自己素未謀面女孩的生命。他將自己不能動彈的腿部捐獻出來，作為皮膚移植。最終這個女孩治癒了，但對威利進行手術過程中，卻令他微弱的心肺遭受了巨大的創傷，並最終導致肺炎，最後黯然地離開人世。

在他手指毫無知覺的時候，他的雙手仍然拿著小女孩送給他的一枝玫瑰花，而就在某個瞬間，玫瑰花從指間滑落了。

在離開的幾分鐘前，他奄奄一息地說：「我很開心，告訴她，我真的很開心。」

然後，他的母親跪倒在床邊，將臉捂在孩子的枕邊上。他伸出無力的手，撫摸著母親的頭髮。

「媽媽，不要哭。」他懇求道。「我以前沒有價值。現在，你也知道我終於可以為別人做一些事情了。」

而直到人生的最後一息，他都微笑著。病房裡，醫生與護士均被這一幕深深地感動了，強忍著眼淚轉過身。

「我將這些視為真理：
一個高尚的行為，即是邁向上帝的一步。
將靈魂從尋常的泥土中昇華，
進入一片純淨的空氣
廣闊的視野之中。」

假如人人都能不懈地去追求真正有價值的東西，並擁有無私與樂觀的性情，那將是一個多麼美好的世界啊！若是人人都能和善相處、寬大無私、忠於真理、飽含活力、真誠待人，那麼當新千年的曙光在地平線上冉冉升起，我們將不再需要監獄或是法庭，黃金法則將成為這個世界的生活法則。

第二十五章　親愛的，我有一本快樂之書

　　伴隨自我克制而來的是壓抑的內心，正如成熟之於柳丁，歌唱之於雲雀，修養之於富於教養的人，快樂之於心靈，低俗與無知預示著一顆無知的心靈。因此，悶悶不樂與痛苦往往也宣示著一顆備受忽視的心靈。而正常的人性理應奏出清新的音符與歡樂的和絃。

　　某位內閣官員曾對已故的查理斯‧達納，一位能從工作中時刻享受無限樂趣的人這樣說：「戴納先生，我不知道你是如何在如地獄般折磨的工作中享受到樂趣的？」

　　「折磨？你大錯特錯了。我是樂在其中啊！」戴納如是回應說。

　　騷塞[69]曾說過：「我告訴你一個有關西班牙人的故事吧。他們總是習慣於在吃櫻桃的時候戴上眼鏡，讓櫻桃看上去更加飽滿，更具誘惑力。同樣的道理，其實我們完全可以從生活中擷取最大份的樂趣。儘管我的眼睛並沒有將煩憂驅趕，但我將它們丟在一個很小的羅盤上，從不讓它們侵蝕我。」

　　事實上，我們在物質上擁有的遠比想像中更為豐富。在我們心中，有數以千計湧現的泉眼還沒有開掘。想像一出生就眼瞎耳聾之人，心靈卻能與世間的美好與真實相協調，從日常生活中獲取一些我們看上去尋常或是無趣的東西。若他能夠暫時地復明或復聰的話，那將是一種怎樣的歡樂啊！我們不屑於駐足的路旁野草，喧囂與熙攘的街上人群，於他們而言卻是一種極大的滿足與震撼，但我們卻只是眼疲耳倦，匆匆一過。

　　我們都比自己所想像的更為富有，我們要培養自己抓住、欣賞和享受周圍點滴事情的習慣。莫讓人生似水般靜默無聲流過，空悲切！

69　騷塞（Robert Southey, 1774-1843），英國湖畔派詩人。

第二十六章
他為何死於二十五歲

第二十六章　他為何死於二十五歲

你不能單純地透過表象去判斷一個人是否年老，我認識很多人年過花甲，卻仍然像一個 「年輕人」；我也認識一些年方三十的青年，卻已是真正的「老年人」。

直到心靈放行，臉孔才會顯露出歲月的痕跡。心靈是臉孔的雕刻師。醇化心靈，讓身體為之煥然；轉變思維方式，令身體機能為之改變。

「上週六，一個年輕人死於二十五歲的高齡。」約翰·牛頓[70]這樣寫道。

喬治·梅瑞狄斯[71]在慶祝自己七十四歲生日時說：「我並沒有感覺自己變老了，無論是心靈還是智力，我仍然以一個年輕人的眼光看待著生活和這個世界。」

你不能單純地透過表象去判斷一個人是否年老，你必須還要觀察他們的精神、氣質以及心理態度。我認識很多人年過花甲，卻仍然像一個「年輕人」；我也認識一些年方三十的青年，卻已是真正的「老年人」。年老，好似蔓延在腐朽房子裡的大火，燃燒著放肆的青春。

直到人生興味索然，精神也縈上歲月的灰燼，心靈也就趨於冷漠與冰涼了。如此一來，人也就開始慢慢變老，但是，只要我們還能觸摸生活裡點點滴滴的感動，精神上熾熱的火焰也就不會熄滅。

生活著，但還未變老，大限將至時，仍能感到充沛的活力，掂量早年心靈信仰的深度，最後仍以一個堅定的回望安然地沉睡。這難道不是人們欣羨的命運嗎？

年輕人難以明白為什麼一天行將結束時，內心並沒有早上那種發自內心的狂野的欣喜之情，只是於恍然間增添了一種成熟與豐富的味道，日落

70　約翰·牛頓（John Newton, 1725-1807），英國聖公會教會牧師、作家。代表作：《奇異恩典》等。
71　喬治·梅瑞狄斯（George Meredith, 1828-1909），英國維多利亞時代小說家與詩人。

通常比日出更為華美與壯麗，而生命的盡頭，事實上一早就已註定。

　　年老自有其不足為外人道矣的樂趣！若是人們都能好好地生活，那留下的回憶也必將是美好的，甜美的滿足感想必也會油然而生。誠然，還有什麼能比得上驀然回首時，深覺自己的一生不枉虛度，碩果累累而更讓人覺得滿足呢？當歲月的遊輪駛進年邁的港灣，在穿越過波濤洶湧的艱難旅程之後，在我們的心靈深處，是一種難得的平和、圓滿與安然。

　　有人說：「人越長壽，希望越多。」假若你能對沮喪視而不見，長存心中那份希望，以一張雀躍的心境去面對各種困難，那麼歲月將很難在你的眉頭劃上深深的印跡。惟其生活得快樂，長壽也才有包票。

　　韶華隨水流失，然人心深處那些美與恬靜的性情，既未被沖淡，更不會隨著歲月的衰老而褪去。年老之人應時刻保持一份沉穩與平和的心態，年輕時的種種躁動與焦慮於此時也都該歇歇腳了。一種泰然的自尊，一份沉靜的思考，一番冷靜的表達，想必這些應該是具有豐富樂趣之人的一個基本特徵吧。

　　按年齡來劃分年老年輕，顯然是有失偏頗的。事實上，人們應按照個人的心理狀態、對待生活的態度以及人生的志向、思想等來衡量。倘若有人始終能以年輕的心去樂觀面對生活，時刻保持希望與熱情，就應被視作年輕人，而不論他們的實際年齡。

　　長久以來，煉金術師一直苦苦尋覓著長生不老藥。然而，事實上這些藥卻一直存於我們的心中。煉製這些藥的祕訣在於 —— 我們健康的生活態度和價值觀念，因為一旦能擁有這一切，我們將能時刻感受飽滿的青春與活力，所謂長生不老也就自然而然了。我們的想法與感覺往往決定著後天的相貌，因為思想與情感能夠改變我們的容貌。

　　自若的心理意味著心靈的和諧。和諧的心緒有助於延年益壽。擾亂心

第二十六章　他為何死於二十五歲

靈的平靜和諧抑或是那些造成類似結果的東西，都會導致一種摩擦，而這種摩擦會加速地削弱著人生這臺精密的儀器。

如何免於那些因環境而帶來的種種焦躁與壓抑的影響，鮮有人知。

讓心靈常駐陽光，滿懷愉悅、樂觀以及青春的希望吧！讓生活的種種美好、世界的巍峨壯麗、青春的璀璨夢想，以及所有因年輕而特有的氣質將我們緊緊包圍、常伴左右，惟其如此，在歲月無情的侵蝕之下，我們方可青春依舊。

「讓我們的心靈中始終充溢著勃發的朝氣吧，」史蒂文生說，「讓心靈四季常青。」

將尋樂與青春連繫在一起，這是多大的一個誤解啊！我們時常可聽到人這樣說：「喔！讓年輕人放浪形骸吧。人不風流枉少年嘛。日後，他們自然會遇到生活的各種煩惱。在陰雲到來之前，讓他們得意須盡歡吧。」然而事實是，一個沿著正常人生軌跡行走的人，於他年過古稀之時所收攬的生活的樂趣，遠遠比他於弱冠之年所體味的更加豐富，那種樂趣也更加洶湧與強烈。

人到中年之後，其本質就是自己習慣的產物，似乎很難再去挖掘新的腦細胞，而我們只能享用之前那些已被開發的功能。

許多人之所以「談老色變」，只是因為在日趨年老時，並沒有為退休之後做好足夠的準備。他們在生計上耗盡了所有的經歷，而在過好生活上卻是束手無策、毫無建樹。老年人的一個詛咒就是缺乏一種有趣的心理娛樂，這通常是因為在早年沒有為一個有趣的老年打下某種基礎。空虛的心靈易使人深感不安，避免於年老之時深處此種狀態，應該是我們每個人都要立下的目標，若年輕時沒有養成閱讀的習慣，日後再想培養此種習慣，抑或是鑄就更高雅的閱讀品味，似乎十分艱難。其中有一個現象就是，很

多人會覺得，年老讓人感到極度的無趣與單調。一個人若是早早地養成了閱讀的習慣，時刻注重提升自己，博覽群書思慮真理，深刻地感知藝術與美，觀察社會並存息自己的看法，那麼在年老時他將搜尋到無限的生活樂趣。

在美國人的人生大戲中，有這樣一處令人扼腕嘆息的情景：白色的綾幕拉開了一個人退休的戲碼，命運開啟了全新的老年生活，然後大幕背後，除了前半生所累積的一堆財富，剩下的不過一堆無所事事的單調與苦悶而已，因為在此之前，誰也沒有為安享晚年做好充足的準備，年輕時都沒有去培養休閒與更為持久的性情，年老了又談何享受？

到處都能見到退休後即旅居國外的美國人，他們活得極不自在，濃烈的思想情緒時刻纏繞著心緒，總是想著回到辦公室完成原先的工作，想回到商店，想與顧客或是帳本繼續打交道。

他們再也無法如從前一般，面對著同學和朋友，促膝長談或是開懷大笑，甚至連笑容與熱情的動機都消失得無影無蹤了。無論他們多麼想在藝術畫廊或是音樂廳靜坐下來，心中卻總是不能忘懷那桿秤，想著如何與顧客打交道，想著如何賺更多錢。這樣的念頭讓他們全然不能體會生活的藝術與樂趣，而曾經那些專注的志趣到如今可能更讓他們厭煩不已。

我所遇到過最令人失望的人，是在賺夠錢之後即退休的人。早年，當他們夜以繼日地奔波勞碌，為日後的生活努力積存財富的時候，休閒的日子是多麼具有誘惑力啊！他們想像著，早上可以一覺自然醒，沒有可惡的鬧鐘，他們隨心所欲做自己喜歡的事情，而不是被「強制的必須」時刻催趕著，好似常年被鞭打。在剛退休的時候，覺得苦盡甘來了，終於可以活一下之前日思夜想的夢想生活了，但很快，空閒的時間讓他們感到無趣，脫離了原先家與辦公室兩點生活的節奏之後，他們開始渾身不自在了。過

第二十六章　他為何死於二十五歲

去專注於人事或是櫃檯上的能力在退休之後開始走向衰退，曾引以為傲的強大能力逐漸消退，但這個過程卻也沒有丁點的補償，而很快他們就會發現，真正的享受其實源於對大腦細胞的鍛鍊，當他們嘗試著獲得滿足，或是透過鍛鍊之前沒有開發的功能來獲得享受時，卻難以獲得相應的滿足感。

年輕時，生活的重擔曾迫使許多人早早地跨出家門，打拚、賺錢、生存，於是早年的教育便被忽略了，倘若不是如此，想必他們的人生軌跡也自有另外一番景象。正是早年的經歷使他們無福消受，遠離了現在渴望享受的生活的樂趣。

時常聽到人們說，許多人選擇在獲得財富之後，在身體與心智的最高峰的時刻功成身退，但隨即卻跨入了迅速的衰老期。匆匆不過幾年的光陰，便黯然離去。

一些人既早已失去了感悟人生與價值的知覺與能力，那麼書籍、畫作、雕像於他而言又有何用？

當青春的火焰已然熄滅，獨殘留歲月的灰燼時，我們還將人生中最美好的年華獻給了一些自以為日後能享受的東西，真是自欺到可悲的地步。

一位擅於觀察的作家說：「不知有多少人覺得只要時刻地勞作，似奴隸般賺錢，日後便會享有幸福，但他們不知道，在這個過程中，其實早已消耗掉人生幸福的所有可能性。在早年生活中，他們過於節儉與吝嗇。在本該享受的時候，卻收穫不到一絲的樂趣。」

於年少之時便不斷加強對心靈的錘煉，令自己在退休之後仍能享受到生活的樂趣，這樣的人實是有福也。若有的人透過辛勤的工作獲得寶貴的休閒時間，為世界傾盡了自己的一份力，讓心靈在退休之前就享受到樂趣，他也是一個幸福之人。富於教養的人能從多種管道享受到生活的樂趣。

想想一個熱愛閱讀且懂得欣賞的人，能從世界上汲取多大的滿足感啊！很難想像得到讓人感到更快樂的方式了，但是對於那些花了半個生命馳騁於商界的人而言，一生若沒有看過半本書，實在是一種莫大的遺憾啊！

　　想像一下，一個人對自然世界、藝術擁有非凡的審美知覺與感悟力，正如拉斯金一樣，從自然之物，從一朵花、一株植物、一棵樹或是日出日落中，都能像天使神迷般地喚醒他們的歡樂。

　　若能在生命行進中不斷提升自己，從任何可能的管道汲取知識，那麼有多少快樂在等著他呢！還有什麼能比意識到人的心靈每天都在不斷地擴展，將心靈無知的荒原不斷開墾，更讓人倍感自豪與快樂呢？

　　授人以漁才能給人們的生活帶來持久的滿足感，在漫長的工作生涯中，若是熟悉了這樣的模式，在退休後我們將會感到無盡的滿足。

　　退休之後頓感人生失望和無趣的人，不僅僅是那些人生經驗狹隘之人或者專業人士，也有一些在早年有某些天賦的人，只是一心撲在工作之中，脫離了書籍、藝術、美感與旅行，關閉了人生社交生活的方方面面，將早年積澱下來的樂趣破壞得一塌糊塗。很多人渴望在退休之後安享晚年，只是直到那一刻，才發現自己已然失去了對過往鍾情事物的玩味能力。達爾文也曾有這樣的親身經歷，在全身心投入到科學研究數十年之後，他驚訝地發現，自己完全失去了對莎士比亞的熱愛與感悟力，類似的情形還出現在他過往鍾情的事物上。「要麼使用，要麼失去」，這是不以人的意志轉移的自然法則。

　　當我們不斷運用之前經常鍛鍊的功能時，便可以感受到最大的樂趣。年老時，喚醒新的生活興趣並非易事，沉睡已久的大腦功能難以再次被驚醒。

第二十六章　他為何死於二十五歲

退休了，一般人也就失去了曾經帶給他們滿足感的各種能力，他們不但難以喚醒已經蟄伏了長達半個世紀的某些功能，甚至永遠都無法喚醒或是有所發展了。

我相信，大部分退休之人不僅無法找到幸福，而且還可能折壽。

時常聽到某某老人的不幸消息，只是因為他們放棄了自己唯一能做的事情，無法找到替代刺激心靈的工作——正如一匹十分有趣的馬兒，一旦移除了馬具，就一病不起了。

若要保持年輕，就必須掌握獲得自我提升與煥然一新的祕訣。讓思想和工作都融於自我的興趣之中，讓自己永保青春的活力。人身體的每一個細胞都在新陳代謝，衰老是自然的定律，人也該擁有這樣的心境。

我以為，一般人在物質層面上有很大的拓展空間，但在精神層面上卻有不同。人們特別要在退休前將心中所有的不悅思想一律清除掉，惟其如此才能擁有更強的成就感與感知能力。換而言之，只要我們掌握了如何「指引心靈」的祕訣之後，就要首先清空一切令人傷痛的思緒，然後以一種正確的心理態度，一種對世間生靈飽含愛意、寬容的態度去面對。這樣一來，方能促進人類文明的進步。

清晨醒來時，一臉憔悴，感覺諸事不順，心煩意亂，或是在早餐桌上，每個人都必須要拘謹地戴上手套，令每個人都大為光火，諸如此類的狀況必然隱藏著某種問題。一覺醒來，沒有感受到全身充滿活力、歡樂與陽光，沒有信心滿懷地想參與時刻給自己帶來樂趣的工作時，問題必然出在自己身上。

真正讓我們白髮早生、皺紋滿布的，不是今天的憂慮，而是明日的風雨，抑或是下一周、下一年的煩惱。

性格對壽命有著至關重要的影響。人若總是深處焦慮與不安，總是喋

喋不休地抱怨，令自己敏感得近乎神經質，如此一來，衰老便會加速。

一個人若生活充實精神昂揚，又怎會有因不滿或年歲落下的疲憊痕跡呢？

那位年老女士因為有著善良與恬淡的性格，衰老便失去了其醜陋的一面。

「讓心靈專注於歡聲笑語，

這能阻擋無數痛苦，延年益壽。」

幸福是一種強有力的催生劑，令人振奮，有益健康。

一位典型的善良的美國人，在細數自己的年歲與快樂時說：「其實這很簡單，過一種最自然的生活，吃自己喜歡的食物，逛街時走在有陽光的那一側。」

所謂使人活得更加快樂，並非說要讓你活得像一個天使或者如一個聖人般。老人們所說的自然生活，無疑是指人們切莫要超越自身能力範圍，顛倒日夜或是放縱自己，避免現代社會的種種誘惑，如此一來也就避免了消化不良、中風以及神經衰弱等疾病。所以人們若是要想保持健康活得快樂，就要吃自己喜歡的食物，走在街道上有陽光的那一側 —— 這就是這位老人的整個信念的精華。行走在大街背陰的一面，沿路都是煞人的風景 —— 那裡，有的人滿臉憂鬱，目露貪婪的神色；那裡，有的人無賴懶惰，身透罪惡的氣息，而在大街向陽的一面，則有一群快樂的人在玩耍 —— 他們一同歡笑，暢談成功、共話友誼、分享健康、追尋愛情……。點滴的小事化作了串串的祝福，無論什麼情愫都令我們的生活如釋重負，也是因為有了他們的陪伴，雨雪冰霜都變為最宜人的天氣。

歡樂屬於年輕人，樂趣屬於中年人，祝福則是老人的專利。萊曼說：「老年是最好的，這是一條通往美麗宮殿的前廊。在那裡，幸福不會隨時

間的流逝而凋謝，也不會被死亡所掠奪。」但是，一個人不能坐等老年的到來，在人生的旺盛期就該意識到永恆幸福的奧妙所在，去對抗所有幸福的敵人，懷著樂天的心情迎接挫折，增強自身的幸福感。我們在磨難中浴火重生，明曉磨難考驗耐心，耐心帶來閱歷，閱歷種植希望，希望在，就不會感到無地自容，上帝之愛透過賜予神聖精神在我們心間散播。

　　戰勝歲月最大的利器，是一種樂觀、富於愛與希望的精神，能自若面對歲月的人，對萬物皆有善心。有的人躲過了憂慮、妒忌、邪惡等的「追殺」——所有那些讓人感到渺小與卑微的東西，有的人卻只能憑其在心間鑄就苦楚，於額間烙下深深的痕跡，令眼神濁然黯淡。一顆純潔的心靈、一具健康的體魄、一個寬廣的心胸，滿腔的樂觀與慷慨，以及決心不令歲月在心境上胡作非為的勇氣，是令每個人找到年輕心態的泉源。

> 「呵，青春！甜美的歲月啊！
> 眾所周知，你我天生一對。
> 但我卻以為那只是一個美麗的謊言——
> 你不可能已經遠去了！
> 晚禱的鐘聲還沒有敲響：
> 你是那永恆的勇敢之神。
> 然而，現在卻罩上了一個多大的錯覺！
> 是讓人們相信你已遠去？
> 我看見，銀白的色澤已然褪去。
> 我看見，你步調衰微，體態臃腫。
> 但，我也看見，
> 你的唇邊盛放出春日的花朵，
> 你的淚珠在陽光的映射下透出七色的光芒。
> 人生不過是這樣的一種思想——

所以，我一直認為：
年輕與我們仍是難兄難弟。

活出真我風采，享受人生之人，以下這兩句是送給你們的：

「年歲無法讓你凋謝，
　習俗也不會令你在永恆的變化中，
　失去原有的新鮮感。」

快樂心理學：

放慢節奏、節制欲望、尋找自我，在遍布悲傷的世界裡，你更該暢想喜悅

作　　者：[美] 奧里森‧馬登（Orison Marden）

翻　　譯：孔謐

發 行 人：黃振庭

出 版 者：崧燁文化事業有限公司

發 行 者：崧燁文化事業有限公司

E-mail：sonbookservice@gmail.com

粉 絲 頁：https://www.facebook.com/sonbookss/

網　　址：https://sonbook.net/

地　　址：台北市中正區重慶南路一段六十一號八樓
　　　　　815 室

Rm. 815, 8F., No.61, Sec. 1, Chongqing S. Rd.,
Zhongzheng Dist., Taipei City 100, Taiwan

電　　話：(02)2370-3310

傳　　真：(02)2388-1990

印　　刷：京峯彩色印刷有限公司（京峰數位）

律師顧問：廣華律師事務所 張珮琦律師

國家圖書館出版品預行編目資料

快樂心理學：放慢節奏、節制欲望、尋找自我，在遍布悲傷的世界裡，你更該暢想喜悅 / [美] 奧里森‧馬登（Orison Marden）著，孔謐 譯 . -- 第一版 . -- 臺北市：崧燁文化事業有限公司 , 2023.05
面；　公分
POD 版
譯自：The joys of living
ISBN 978-626-357-325-3(平裝)
1.CST：快樂 2.CST：自我實現 3.CST：生活指導
176.51　112005531

定　　價：350 元

發行日期：2023 年 05 月第一版

◎本書以 POD 印製

電子書購買

臉書